张鸣说历史

重说中国国民性

张鸣◎著

天津出版传媒集团
天津人民出版社

目录

野史中的另类人性

国民性的呐喊与彷徨

文人的性情与矫情

文人轶史

写在前面

卖文为生，古代叫作煮字疗饥，真真贴切。虽然说，文卖得顺畅，每个字的价格高，说不定也会有黄金屋和颜如玉。但这样的结果，最大的可能是在国外。作为中国人，只有少数金字塔顶尖的人，才有这个可能。但比起其他行业，所谓作家富豪榜的上榜人士，也不过是小巫而已。刚来北京那会儿，穷得快要饿饭，帮一些书商出主意做选题。做了一阵，好些行里的人说，你为何不自己做书商？像你这样一肚皮点子，做书商谁能比过你？一年下来，挣的钱比你现在不知道多多少。我想了想，还是没做。本是打零工挣钱，何必把自己整个搭进去？宋代的皇帝，劝人读书，说黄金屋和颜如玉什么的，说的是读书应试做官，不是让当作家。宋代出版业虽说也初具规模，但靠卖文为生的文人，好像混得也不怎么样。古代如此，今天也是如此。

多数卖文为生的自由撰稿人，即使专门写电视剧的，活得也都不容易。只要你没有名气，只能靠替人打工，以量取胜。粗制滥造就不用说了，大部分都是抄袭和变相抄袭。不这样的话，根本没法活。首先，国家就不怎么鼓励文化创新，文字不论优劣，反正一次稿费一上800元，就得缴税，稿费越高，缴的税越多，翻番地增加。其次，市场也有限。越是品位高的作品，市场越是有限。台湾著名报人王鼎钧，当年去台湾，一上岸，顺几张稿纸，买瓶墨水，写随笔给报纸投稿，就可以养家糊口。台湾的报纸，即使在白色恐怖下，依然对随笔散文有大量的需求，报纸经常闹稿荒。而我们这里，即使到了今天，中产阶层已经成了规模，能买得起书的年轻人成千上万，但人们却宁可看穿越小说、盗墓小说甚至种马小说，正经的小说都没人看，更何况我们这种不入流的随笔散文了。

很幸运，我属于那种写出来的文字多少还有人看的那种人。自己本身还有一个教职，即使文字一时半会儿卖不出去，也依旧能有饭吃。不用像很多同道中人那样，为了付下月的房租玩儿命地赶一个他根本不乐意做的活计。

对搞历史的人来说，首先必须追求真实，不能不顾事实，没有根据地乱说；其次要写得明白晓畅，让人读了舒服；当然，道理讲得也能令人信服，而且若有所悟。我一向认为，在中国，思想的缺失显得比学术的落伍更加严重。在千人一面、千口一词的境况里，一个稍有个性的人，常常会感到窒息，打破这种窒息，对我来说，就是时不时地发一点儿不合时宜的怪论。其实，也只是看起来怪，本是用常识的理性判断出的常识而已。可惜，现在国人已经把常识忘记了。

没想到的是，时至今日，这书还能出版，看来，至少在出版者眼里，市场上还会有人买。也就是说，我的读者队伍，还在扩编。

不管怎么说，还得说声谢谢。

张　鸣

中国现代国民性迷思

“临时工”的权力

延安城管暴力执法，被人拍了下来，一个双脚跳起踩人的城管，事后如人们所料，城管局方面说，他是临时工。这些年，警察、城管出了不少事，凡是被披露出来的，犯事者十之八九，都是临时工。

古代中国，干警察城管买卖的，以明清两代而言，地方叫作衙役，京城叫番子。衙役又称三班衙役，站班、壮班和捕班，除了壮班的民壮，是从民众中临时抽调的，剩下两班都是正经制役，有国家编制的。番子类似于衙役，在明朝隶属锦衣卫和东西厂，在清朝归属步兵统领衙门。但奇怪的是，无论京师还是地方，除了正经制役之外，每个衙门都有一大堆临时工，地方叫帮役、白役，京师百姓则叫他们扁圆子。正经制役是有工钱补贴的，临时工没有。正经制役有刑具，一条铁链子，临时工没有，只有一根扁圆的棍子。

要知道，在那个时代，衙役属于贱民，三代不能科考的，而且临时工没有半文工钱，但想干这活计的，却趋之若鹜，挤破门。小县数百，大县则上千甚至数千。京师的临时工，则数以万计。严格说，他们不是官府招募的，不仅没有工钱，连身上那套“制服”都是自己置办的。只要衙役头儿认可，定期缴纳“孝敬”，你就是衙役。

干临时工，图的是借权吃饭。你说是临时工，但一般百姓怎么能分得清，即使分得清，人家干的也是公家的买卖，手里有执法权。贱民不贱民的，好歹都算国家公务人员，可以找茬儿抓你、打你、罚你、钓鱼执法，因此也就有了索贿的权力，虽然说，他们弄的钱，还得交给正式工一部分，但剩下来的还是多，自然，养家糊口也就不成问题了。

就这样，尽管国家有制度，衙门有编制，但在实际上，临时工却成了正式工的腿，也成了衙门的腿。很多事，特别是为非作歹的事（这种事，在很多衙门都免不了），都是临时工顶着衙门的名义做的。衙门的长官知道不知道呢？当然有些知道，有些不知道。但知道不知道，他都无力或者也不想改变这个局面。有些事一旦东窗事发，弄大发了，自有临时工顶杠，能逃的就逃个无影无踪，即使被抓住了，临时工也只能认倒霉。最后的处理结果，无非是有人冒充官府衙役之名干的，官员问个失察的过失，也就了账。除非惹上了来头特别大的主儿，才有可能让主管长官乌纱帽搬家。

有这么多临时工吃权力的饭，原因是权力的使用区域成了黑箱。没有人知道自己面对的这些临时工，来路是什么，到底有没有合法的权力。也没有民众明确知道临时工和正式工之间，是个什么关系。更重要的是，临时工背后的所谓执法权，边界在哪里，别说民众不知道，就是衙门，也不知道。在古代，虽然有法律，但终归不过是一个刑律而已，虽然有案例可以参照，但除了专家，没有人了解。执掌基层断狱权和执法权的地方官，都要靠私人雇的幕僚，才能断案，才能应付日常事务，包括执法事项。那么民众就更是丈二和尚，摸不着头脑了。所以，法律本身就给了执法者太多的自由裁量的权力，让他们可以口衔天宪，说什么就是什么。

同时，有法不依，已经成了一种习惯性的行为。各级官府，都知道临时工现象普遍存在，而这种临时工，既不合法，也不合体制，但却没有人纠正。对正式的衙役而言，有了临时工，既增加了自己的手和脚，多了捞钱的机会，还不用干活，多好的事儿。而在他们的长官看来，既能把活干了，又多了接受孝敬的份子，何乐而不为？一层层这样推上来，明显违法的事,就化为合理了。更何况,有了临时工,出了事,还有人顶罪，真是再好没有的了。

临时工现象，说明虽然名义是公权力，但在操作中，却完全可以化公为私，成为众多拥在权把子周围的人们弄钱的方便工具。如果没有办法加以限制，没有刚性的门槛，公权私用消除不了，临时工现象也永远消除不了。

借口与人性

一个弱不经风的酒吧歌手，在微博上刷了一帖，说她要炸街道办事处，炸建委，还要炸人才交流中心。后来她大概感觉到了不妥，删了帖，补了一句：我要炸人才交流中心旁麦当劳的鸡翅和薯条。当然，这样刷帖，肯定是对这几个机关有点儿怨气。但见过此人的人都知道，这不过是玩笑，有点儿恶意、泄愤式的玩笑。

可是，警察却当了真，有消息说，因为头一帖，这位歌手已经被刑拘。当然，在此四处有事，不是爆炸就是着火的当口，歌手的玩笑，的确不合适，警察的紧张，也可以理解。不过，我觉得这样的处置，还是有点儿过分。

我对法律是外行，不知道这样的事，究竟该怎样处罚，要不要处罚。但是我知道，在日常生活中，这样恶意的玩笑，虚张声势的威胁，几乎俯拾皆是。开微博几年，有多少人威胁要杀我全家，毁了我家什么人。有的网站，还把我等的头像罗列出来，颈上加一道绞索。有这样遭遇的人，绝对不是一个两个人。有的人，受到这样的威胁，仅仅是因为买过日货。但是又怎么样了呢？从没听说，哪个放话的人受过哪怕警察的训诫处罚。在反日游行的那些日子，别说口头威胁，就是真的汽车被砸，人被打，只要不是特别厉害，打人毁物的行凶者，还不是安然无恙？

在日常生活中，受了官府的鸟气，该办的事办不成，或者平白受到羞辱，随口就会冒出来一句：真想杀人，真想炸了你们的房子。具体到我自己，就多次闪出过这样的念头：如果中国教育部的大楼被炸了，中国教育就有救了。当然，没有什么人会当真。有时候，即使我愤愤地跟教育部的公务人员这样说，他们也不当真，笑笑而已。当然，这样的发泄，不应放到网上，尤其是一个小有名气的歌手，在这样一个非常时期，就更不应该。对此，有关部门不是有专门的处罚手段，责令删帖，或者封博吗？大不了，由警察训诫一次，让她保证下次不做了，也就到头了。因为一个根本不可能的玩笑，把人刑拘，怎么说，都有点儿过了。如果真的非要这样做不可，请劳驾把那些有组织的、动辄对人进行人身威胁的那些人也抓几个，否则，难以服人。

理论上讲，即便是有言论自由，作为一个成年人，也不应该随意放言威胁某一方的人身安全。但人是感情动物，不可能时时刻刻保持理智。谁都有信口胡说的时候，吵架没好话。开微博，气急了说点儿疯话，也没什么大不了。正常的人，都知道如何辨别哪些是真正的威胁，哪些只是对方随口的胡说。如果我们把所有这样的威胁，都报警要求警察干预，警察会认真对待吗？你们忙得过来吗？有人也许会说，即使那些貌似正经发出的各种恐怖威胁，其实多数都是吓唬人的玩笑。那么警察就不认真对待吗？但是，那位歌手在自己实名的博客上的信口胡说，算是正经的恐怖威胁吗？世界上有这样愚蠢的恐怖分子吗？况且，这位歌手是个警察熟悉的人，她能做什么，当地警察应该知道。如此兴师动众，大动干戈，难道行动者没有问一句：你是认真的吗？你怎么当真呢？

我不喜欢被人威胁，更不喜欢警察动辄抓人，随便找个借口，就把人弄到局子里去。在当今之世，要说恐惧，哪种恐惧也没有不知什么时候就被人查水表、请喝茶甚至刑拘劳教更可怕。

“狗事”窥人

我这个人对狗有感情，当年在乡下，自己养过狗，跟众多乡下不属于我的狗感情甚深。多少年来，对我咆哮的狗不少，但从来没有狗会咬我，而且不管谁家的狗，混上两天，就熟得跟老朋友似的，围着我鞍前马后地跑，变成我的走狗。所以，进城以来，虽然迫于生计压迫，一直没有养狗，但我从来都维护狗的利益，但凡有打狗、烧狗的事儿，肯定出面痛击之。我真的很不理解，为何会有那么多人老是跟狗过不去。

城里人养狗和乡下人养狗，多少还是有些不同的。不养狗的人讨厌狗，也不能说一点儿道理都没有。在乡下，人们养狗，多半是为了看家护院，当然也有的人跟养猪一样，是为了吃口肉。乡下养狗，很少喂食，基本上放开，让狗自己找食去，因此成本很低，无论最后把它吃掉，还是晚上看家护院，都是稳赚不赔的事。城里人养狗，是养宠物，不仅要精心喂养，购买狗粮，而且还要为它洗澡、治病、防疫，说不好听点儿，比养儿子还费心，单论成本，是个稳赔的买卖。养狗，无非是城里人的一种闲暇爱好，一种精神上的慰藉。

当然，乡下人养狗，绝对不用操心狗的排泄问题，爱哪儿哪儿，反正广阔天地大有作为。但是城里人养狗，是养在屋里的，必须得训练狗定期定点排泄，不仅要考虑排泄，还得定点遛狗。至于养狗扰民的问题，在乡下也没有，只有在城里，才是一个问题。可是，城里养狗的问题，往往是因为养狗的人，虽然身在城里，有时却按乡下的规矩办事给办出来的。

比如说，乡下人日出而作，日落而息是常态，夏天早上四五点钟，几乎家家户户都起床了。但在城里，早上七八点钟，还有人高卧不醒。赶上有些习惯夜间工作的人，早上四五点钟，正是刚刚入睡。然而，如果你住的小区宠物狗比较多，那么就别想赖在黑甜梦里不出来。因为在四五点钟，就有一大批老人家出来遛狗了，大狗小狗、各种品种的狗，高高低低、大大小小、奇形怪状，但碰到一起，肯定互相问候，或者互相吵架，顷刻间就嚷成一片。夏天睡觉，多不关窗，狗叫声，声声入耳，觉就甭睡了。探出窗外看看，那里狗狗之间，人人之际，聊得正热乎，你还能说什么呢?

在发达国家，出来遛狗的人，往往都得带上铲子或者纸，只要狗不小心排泄了，就包起来带走。但是，在中国，无论什么时间出来遛狗的人，从来不操心这事儿。只要出了自己家的门，狗爱干嘛干嘛，一任它随地大小便。所以，宠物狗多的小区，走路都得当心，一不留神就中了地雷，踩上狗粪，弄都弄不干净，让你恨不得把鞋给扔了。城里的空间狭小，好不容易制止了人随地大小便，却让狗这么胡来，卫生条件恶化，大家都受害。但是，养狗的人，好像根本不管这些，只要不拉在自己家里就行。

同样，养的时候，恨不得稀罕得跟宝贝似的，一旦发生什么变故，比如发生SARS的时候，传说宠物传染，就纷纷把自家的宝贝扔掉，毫不怜惜。到现在为止，几乎城市的每个角落，都有大量被抛弃的宠物猫狗，到处流浪。我们养宠物，无非是养个稀罕，稀罕够了，也就丢了。爱的时候比自己老婆还亲，讨厌的时候，恨不得它马上死，严重缺乏对动物的基本尊重，对生命的基本尊重。

北京的宠物很多，几乎每个小区都成群结队的。据说，新兴小区里的狗，比居民还要多，有的家庭，一家养好几条狗。而且各种品种的狗都有，多半都是洋品牌，有关狗的商品，也琳琅满目。在这方面，我们跟世界接轨，接得很紧。但是，关于养狗方面的文化，以及相应的文明行为，却好像没有跟狗和狗食一起引进来。就像我们引进了汽车，满城飞跑，却照样在斑马线上全速前进，只要没人看着就闯红灯一样，我们只引进了这些东西，却把相应的文化关在外面。

“学者”称谓下的冰与火

老早就有人发现，现在的中国学者，即使身为一个学科的大牌教授，在自己从事的专业上，可能是专家，但文化素养却不怎么样。中国文史哲的教授们在跟日本和韩国的同行交往中，发现人家多半能作几首律诗，往来应酬，但是我们的教授却做不到，强撑着作一首，也是张打油的嫡传，难免贻笑大方。

我们现在的文史哲，学科之间壁垒森严，互不通问，鸡犬之声相闻，老死不相往来，而且严重互相看不起，都觉得对方的学科没有学问，空疏。但对方怎么样，其实自己根本不知道，因为别的学科的书，基本上不看。即使本学科内部，也是画地为牢，铁路警察各管一段。以史学为例，不唯制度史、经济史、思想史各做各的，中国史和世界史之间界限分明，就是中国史本身，做明史的不看清史的书，做清代早期史的不问晚清史，做民国史的如果碰了晚清，也算过界。据说各有各的家法，各有各的规矩，一代一代往下传。谁坏了规矩和家法，大家一起鄙视之。据说，文学研究和哲学界，也是大体差不多的状况，总之是各自把自己圈在一个个的小圈子里，即使进行学术交流，也多在小圈子范围之内，出了这个圈子，就是聋子和傻子。

社会科学各学科之间，也许要稍微好一点儿，但总体上也是画地为牢，关键是互相看不起，每个学科的人都觉得自己的学科伟大，别的学科是垃圾。经济学特别明显，看不起一切学科，不屑于跟所有学科的人交流。即使社会科学中最让人看不起的政治学和社会学，也极度看不起文史哲。

理工科之间的沟通交流现状如何，我不清楚，但文理隔阂的现状，却令人吃惊。尽管改革开放以来，各个大学都在致力于打通文理，原来的理工农医院校，都在大办文科。但在教师层面，文理之间的隔阂，却深不见底。理工科的教授，不仅是看不起，而且鄙视文科教授。一位清华大学的法学教授告诉我，清华工科的教授，每当走过他们的办公楼的时候，都会蔑视地说声："卖狗皮膏药的。"连法学这种当下的显学都看不起，更何况那些无论如何都没有用的文史哲？原来强大的理工科大学里的文科教授们，大抵有同一种感觉，每每感到被理工科的同事们视为累赘，吃白饭的。很多工科的工程师和教授，至今不明白，学文科的人怎么还能混到饭吃。

画地为牢最突出的表现，就是教授们不看书。出版界经常统计社会大众的阅读量，越统计越泄气，无疑，社会大众的阅读量是逐年下降的，跟美国、日本这样的发达国家，距离越拉越大。其实，中国的教授，阅读量也不大。我们很多著名院校的理工科教授，家里几乎没有什么藏书，顶多有几本工具书，一些专业杂志。有位父母都是著名工科教授的学生告诉我，在家里，他买书是要挨骂的。社会科学的教授，也许会有几本书，但多半跟自己的专业有关。文史哲的教授藏书比较多一点儿，但很多人真正看的，也就是自己的专业书籍，小范围的专业书籍。众教授的读书经历，就是专业训练的过程，从教科书到专业杂志，舍此而外，就意味着不务正业。即使学历史的我，当初在求学过程中，也经常会因涉猎较广，被前辈训斥为不务正业，浪费时间。在传统上，教授家往往被视为书香门第，但现在的教授家里，却往往没有书。

当然，没有书，也不怎么看书的教授们，多数还是有专业的。工科的人会泡实验室，其他学科的人，专业书籍和杂志还是读的，有的人甚至读得还很仔细。跟前面讲的文史哲教授们一样，绝大多数专业人士，专业知识还是有的，但就是没文化，呈现出一种强烈的唯技术化的倾向。

唯技术化的倾向，跟1952年以来，贯彻苏式教育体系有关。苏式教育体系，尤其是高等教育体系，最大的特点就是专业分工特别细，实用性强。指导思想就是当年苏联科学院院长李申科的说法，在苏维埃制度下没有人，只有一些蛋白质的合成体，我们按照社会主义的需要，把他们培养成农艺师、工程师、医生、教师……就是强调把人培养成技术的工具，实用而且好用。按我们过去的说法，就是齿轮和螺丝钉，但属于有技术含量的齿轮和螺丝钉。在这种教育体系下，理工科自不必说，即便是人文和社会学科，也不大可能去追求真理，探索真理，只是在真理已经确定的前提下，阐释和阐发真理，证实真理的伟大。允许你做的，也是技术性的工作。

我们知道，在那个年月，中国的科学主义盛行，人们讲话做事，科学两个字，就跟领袖的指示一样，带有绝对神圣的光环，但这种所谓的科学主义，实际上却是技术至上。整个国家的科研也好，教学也好，都是重技术轻科学。所有的学问，实用第一，不管土不土，能用就好，理论探索可以没有，作出来东西就好。这样一种绝对的实用主义，把中国文化原本就有的实学传统推向了极致，推到令人窒息的境地。在很长时间里中国有关求学的社会风气，有两个倾向特别明显，一是重理轻文，理工科，尤其工科被推崇，而文科只是那些学习不好的人不得已的选择。二是轻理论重技术，以至于所有的学科，学的都是一门手艺。文史哲没有手艺，一手漂亮文章就是手艺，如果一个学文史哲的大学生，毕业后写不出漂亮华丽的文章，一辈子都会让人看不起。

这样一种绝对实用主义的教育，在“文革”中被推向了极致。教育在很大程度上被简化成了学工、学农和思想道德教育。唯技术主义在实践的神圣性面前，简化成了怎么干，如何干。因此，“文革”前还残存的一点儿文化素质的成分，就荡然无存了。不仅美术、音乐教育没有了，连历史地理课也从中学消失了。在“文革”十年接受教育的人们，除了简单的数理化、语文、政治之外，什么都不用学。即使数理化，也充斥着阶级斗争、水渠、堤坝计算这样超级实用的内容。社会上的各种出版物，西方的是资本主义，苏联的是修正主义，中国古代的则是封建主义，全部封杀。“文革”后期虽然为了配合政治斗争，解禁了少量的图书，但总的来说，还是一个全民文化禁锢的状态。从那个时代过来的人，即使是酷爱读书之辈，能读到的，也相当有限，还要冒很大的风险。

原本学问也好，知识也好，除了具有实用性，更重要的是体现人对自然和社会的一种探索，对自我的一种滋养和熏陶。不唯古代的琴棋诗画如此，现代的美术、绘画、音乐、舞蹈如此，文学、历史、哲学也是如此。对学问过于实用，过于功利，学问本身就被异化了，进而，人自己也被异化了。也就是说，人就不是人了，被工具化了。原本人的世界，就会因此变得十分可怕。极权主义滋生的土壤，实质上就是这种异化了的人群。

眼下，“文革”中受教育的一代人，现在已经成了学界的中坚力量。这一代人由于当年教育的缺失，有专业没文化，当然可以理解（其实，他们的上一代人，所谓新中国培养的第一代知识分子，也有这个倾向），但是，不可理解的是，这代人经过了这么多事，也跟国外学界有了较多的接触，却没有对这种现象有足够的警惕。经过他们的手，大有将前代的弊端继续延续下去，发扬光大的意思。

封闭的学问，就不是学问。人文社科类的学科，研究的对象不同，但却都是有关人和人类活动的学问。有意地排斥别的学科，拒绝别的学科的知识和理论，把自己关在一个自己精心做好的笼子里，是做不好学问的。做学问就像挖土井，不挖一个较大的面，是深不下去的。没有文化的学者，无非是说这个学者知识贫乏，古今中外，知识贫乏，从来就不是光彩的事情，但是，在今天的中国，却可以用专业性、技术性来为自己开脱，而且还以自己的粗陋，傲视别人的博学，批评别人不务正业。之所以能够如此理直气壮，在于我们的学界，经过这么长时间的苏式教育熏陶，这么长时间的“文革”摧残，已经形成了一个坚不可摧的新传统。一个过于强大的绝对的技术主义传统。

中国的学问，至今没有从这种技术主义里走出来的意思。而教育界长期技术官僚当政的现实，也强化了这样的现状。即使没有行政化的统治，这样的学界，走出自己的泥潭，也不容易。

近代人物的劣根性

耻辱柱上的汉奸

中国的抗战，产生了特别多的英雄，也产生了特别多的汉奸，最大的两个汉奸，要算是汪精卫和陈公博。虽然这两个人做汉奸时，能控制的区域，不过长江三角洲周围巴掌大的地方，但在名义上，他俩却是中国最大的傀儡政府的魁首。虽然在为虎作伥、跟日本侵略者合作方面，做的不见得比别的汉奸更多，但影响却最大。抗战胜利后，将他们钉在耻辱柱的最顶端，应该是名实相符的。

汪、陈二人政治上是搭档，生活上也是好朋友。原本汪精卫出走的计划，陈并未参与，可是到了汪已出走，日本人却改变前约，不给汪一个体面的台阶，而原来参与密议的高崇武、陶希圣竞相逃离的时候，陈却从香港来到了上海，一头扎进了“火坑”，说是要够朋友，讲义气。

汪精卫是国民党的元老，也是国民党的能臣，他和胡汉民两个，原是孙中山的左膀右臂。国民党统治时期，大家每周都要背诵的“总理遗嘱”，就是汪的手笔。辛亥年广州起义失败，汪精卫愤而进京，刺杀摄政王，“引刀成一快，不负少年头”，谁不钦敬？汪更是一表人才，风流儒雅，不知引得多少闺秀名媛仰慕。胡适曾经说，如果汪精卫是个女人，他会死心塌地地爱他。当然，是男子，也爱。汪夫人陈璧君体态臃肿，相貌一般，但汪精卫却一直洁身自爱，连丁点儿的绯闻都没有过。那时，国民党内，渔父（宋教仁）之才，兆铭（汪精卫）之德，都是大家公认的。汪精卫投敌后，国民党内元老一片哗然，差不多都会提到那句诸葛亮骂王朗的话："卿本佳人，奈何做贼？"有痛恨，也有惋惜。

在国民党的革命谱系里，陈公博出道要晚得多，此公先是追求共产主义，中共建党的第一次代表大会，12个代表中间，就有他一个。只是进得快，退得也快，会还没开完，就闻警开溜，一直溜到美国去留学。留学回来，才混进国民革命的队伍。陈再作冯妇之后，很快就得到汪精卫的赏识，从此收入帐下，成为汪系国民党的干将。跟汪不同，陈公博是才子型的人物，大块头的理论文章能写，诗词歌赋也来得；最关键的是，醇酒妇人从来少不了，下野时如此，当政时也如此，而且从来不避人，夫人也不因此而喝醋吵闹。泡歌女、捧戏子、养情妇，风流韵事多得到了让人惊掉下巴的地步。据说曾写过一首夫子自道的诗："天下荒唐第一，古今才智无双，燕赵吴越孤心赏，任凭他人短长。"说得相当实在，此公的确是走到哪儿，风流到哪儿，燕赵吴越，不论多情的楚娃，还是"天下白"的越女，到处留情，不管别人白眼还是黑眼。1930年蒋冯阎大战，汪精卫和陈公博拉着改组派跟冯（玉祥）、阎（锡山）掺和，在战火纷飞的时候，到了人家阎老西的地盘上（山西），居然也没耽误泡戏子，看上了一个唱梆子的女伶，结果跟当地军阀的"同情兄"撞了车，差点儿被人赶走。

在大的政治格局里看，似乎政治人物的私德跟政治上的表现没有多少关系；两个人，一个一尘不染，一个曳尾泥涂，却殊途同归，一并做了汉奸，其实并不尽然。国民党是个没有打算跟传统决裂，却又习染了西方政治风尚的集团，汪精卫在党内，一直以孙中山的继承人自居，虽然在跟蒋介石的争斗中总是处于下风，但始终没有被平掉。也就是说，他至少在他自己的体系内，是头儿，而且从来也没有断了当整个国民党首领和中国领袖的心思。无论是传统的政治语境，还是西方的政治风尚，个人的私德是必须讲究的，尤其是领袖人物的私德必须靠得住。所以，汪精卫只要领袖的感觉存在一日，就必须做一日的不粘锅（其实，他的政敌蒋介石也一样讲究，自从跟宋家结亲之后，荒唐事就没有了）。而陈公博尽管地位不低，但毕竟在“领袖”的下面，是“臣子”，主要的任务是给领袖奉献才智，所以就无所谓了，得风流，就风流一下。

说来有意思，汪记国民党，一直是站在左翼的立场上，跟蒋介石过不去的。他们一直以为，自己在革命的道路上，跑得更快。最后做了汉奸，虽然自家有下地狱救国家的借口，其实也不过是政争失势后寻求出路的一种选择。当然，这种选择，背后有对国际形势的错判，有对中国抗战不可救药的悲观估计。说到底，汪、陈二人，还是在个人名利的路上跑，而且跑得太快了。

袁世凯“智囊”

赵秉钧是中国历史上第一位死在任上的内阁民政总长，死得不明不白，成了千古之谜。不过，赵秉钧本色其实是个警察头子，对于那个时候的警察来说，不明不白的死，也是应有之义，不算太奇怪。辛丑议和之后，列强欺负中国人，天津不许中国人驻军，袁世凯灵机一动，派了军队以警察名义进驻，负责人就是赵秉钧。后来，朝廷新政，设置警察也是新政之一，赵秉钧水涨船高，爬上了巡警部侍郎的高位，实际上成了中国警察的开山祖。辛亥革命之后，孙中山把大总统让与袁世凯，袁政府的第一任内务总长还是赵秉钧。

赵秉钧很有意思，说他的姓，是百家姓上第一名，说起名，是天子脚下第一人（秉国之钧），排行是老大，生辰八字是甲子年元旦第一时，其实个中的真伪，恐怕连他自己都不清楚。这位书童出身的人物，身世早已无考，本是慧眼识英的袁世凯将之拔于草莽的，一直是袁世凯夹袋中的智囊式人物，深受袁的信任。赵秉钧的确也很能干，在一个没有警察的国度里，从无到有，制度、规则、训练，把个警务建设搞得井井有条。几年下来，英国《泰晤士报》记者莫里循惊奇地发现，北京的大街上，警察居然帮一个推粪车的老乡将翻倒的车抬起来。他惊叹道：在过去，你能想象这种事吗？当然，我们的洋记者看到的是首善之区的北京，在其他地方，警察还是跟过去分担警察职能的捕快和士兵一样，对老百姓，大概还是免不了欺凌和敲诈。不过，中国毕竟在他的手上有警察了，有了案件，不再由那些捕快和仵作们包办。顺便提一句，1905 年著名的吴樾刺杀五大臣案件，就是赵秉钧承办的，看那验尸报告，像模像样，硬是通过炸得稀烂的吴樾，查出了事情的真相。

办警务办得很像样的赵秉钧，忽然有一天做了中国的内阁总理。这是因为第一任的总理唐绍仪，虽然也是袁世凯的夹袋中的人物，但不幸的是留学过美国（第一批留美幼童），多少染了美国民主的毒，因此跟总统袁世凯怎么也弄不到一起，只好自己开溜。遗下的位置，袁世凯交给谁都不放心，老实巴交的职业外交官陆征祥过渡了几天之后，昔日的警察头子就变成了总理。

做了总理的赵秉钧，做的事情还像是警察，而且是不好的警察——秘密警察。当时，交出了政权的革命党人，尤其是实际主持党务的宋教仁，特别热衷于通过国会的选举，获得议会多数，从而组建政党内阁，再次掌权。为了这个目的，革命党人拼命扩大组织，吞并小党，拉人入伙，拼凑了一个大党——国民党，赵秉钧也成为被拉的对象。出人意料的是，对“党”一窍不通的赵秉钧，居然一拉就动，肯欣然加入。于是，袁世凯告诉国民党人，好了，你们希望的政党内阁实现了！党人一时也欢天喜地，乐不可支。可是，过了一段，发现这个身为党员的总理，根本不听党的话，依旧唯总统的马首是瞻，心里未免凉了半截，总算明白天底下没有天上掉馅饼的好事，政党内阁，必须得自己做成。

第一届国会选举，由于袁世凯和赵秉钧等还不知道怎样操控，结果让国民党占了便宜，捞去了近半数的席位，成为国会第一大党。宋教仁踌躇满志，准备进京做总理了。没想到，半路杀出个武士英，对着这位国民党最能干的领袖开了两枪，未来的宋总理伤重不治身亡。消息传开，举国震动，中央政府当然要江苏地方严查，务必缉拿凶手，江苏警察厅也就真的严查，结果还就真的查出了凶手，一步步追下去，发现背后指挥者为应桂馨，并查出了应跟内务部秘书的洪述祖和总理赵秉钧的往来函电多件。就这样，赵秉钧有了嫌疑，然后，武士英不明不白地死了，应桂馨不明不白地死了，最后，赵秉钧也不明不白地死了。

行刺宋教仁这件事，唐德刚先生认为不是袁世凯干的，而是底下的人，包括赵秉钧揣摩袁世凯的意思，自作主张。当然，赵秉钧肯定有事，但袁世凯也脱不了嫌疑，否则，我们的赵总理干吗要死？不过，话又说回来了，赵秉钧安排刺杀这活虽然干得不怎么样，但办警察办得还是蛮有成效，连“中央首长”作的案，地方警察居然都能查出来。

“辫帅”张勋的人缘

军阀大抵有外号，张勋的外号是“辫帅”，因为他在进入民国之后，还坚守自己脑后的辫子。其实，当时留辫子的军阀还有一些，某些西北的小军阀包括北洋老将姜桂题，都拖着辫子，但只有张勋被称为“辫帅”，大概由于他不仅自己留，麾下一万多定武军都留辫子的缘故。

张勋在历史上，名声不好。在一个进化论主导的时代，痴迷地留恋前朝皇帝，不仅在身体肤发方面身体力行，而且操练出了一场复辟大戏，弄得北京城一时间满街都是辫子。如此作为，想不挨骂，难。不过，国家大事不见得人人都关心，进化论其实只是知识精英的意识形态；中国人看人，还是人品、秉性这一套，就当时而言，在某些人眼里，张勋是个憨憨的实心眼汉子。尽管张勋净闹反动的事，军阀圈子里很少有人说他不好。跟张勋关系最铁的，要数号称讲义气的胡帅张作霖，张勋复辟之后，成了众矢之的，只有他一直在为张勋说好话；直皖战后，胡帅在北京政府有了说话的份额，就闹着给张勋平反。当然，秦桧还有两个好朋友，武夫之间的交情也许算不得数。但是，在北京的梨园，张大帅的口碑也相当不坏，人人都说张勋的堂会，给钱多，和气，不耍武人脾气，不强人所难。

其实，最喜欢张勋的，是江西人，尤其是江西奉新县的人，而张勋的家乡奉新赤田村的乡亲们，男女老幼，个个都爱死了他们的张大帅。民国时期，北京的江西会馆、南昌会馆，都是张勋建的，奉新的会馆，居然建了五个。江西会馆要算是北京最豪华的西式建筑中的一座，不仅有洋楼花园，而且能自己发电，在里面唱戏，从来都是灯火通明。在北京求学的江西籍人士，只要求到张大帅名下，没有不给钱的，至于奉新的大学生，个个都被张大帅养着，吃穿度用，一切包圆。赤田村的老乡，张勋每家奉送大瓦房一座，缺什么，张嘴说话，张大帅管。每逢过年，到张勋驻地徐州的火车上，塞满了江西的老表和老表们的乡音，那是上张勋那里去拜年的喧闹。当然，拜年不白拜，除了白吃白喝之外，还能带点儿银子走。

在那个时代，但凡是个军阀，就都在乎乡谊。曾任山东督军的张怀芝说过，刮地皮也得在外省刮，即使做了土匪，也不在家乡作案。湖南军阀何键“非醴勿听，非醴勿用”（何是湖南醴陵人），阎锡山则“学会五台话，就把洋刀挎”（阎是山西五台人），张作霖“妈拉巴子是路条，后脑勺子是护照”（张是营口人，妈拉巴子是营口人的口头禅，而后脑勺子是营口人的体貌特征）。在战乱年代，作为一个军事集团的头目，借助血缘和地缘纽带，捆绑自己的集团，一点儿都不奇怪。不管怎么说，还是自家人靠得住，所谓的在乎乡谊，就是用自己的家乡人为自己修筑一道坚固的城墙。不过，奇怪的是，张勋对老乡好，却并不让这些人到自己队伍里来做事，他的辫子军并不是他的家乡子弟兵。也就是说，张勋跟他的同类不一样，他的重乡谊，没有多少实用的功利目的在里面。

实际上，尽管张勋混得地位不低，但始终只是一个乡下的土佬，对乡亲施恩，既是富贵还乡的另一种表现形式，也是照顾乡里的一种古老习俗。一个外国记者采访过他，回来说，张勋绝不是一个政治家，倒更像一条凶猛的看家狗。的确，张勋就是这样的一条愚忠的狗，忠于清室是愚忠，重视乡谊是愚善，所有的感情投放，都有一个文化习俗划定的对象，走到哪里，爬得多高，都难以改变。也正因为张勋的“愚”，兵微将寡的他才成了督军团的盟主，自己还以为是众望所归，被大伙“忽悠”得一头扎进了北京，为段祺瑞赶走黎元洪火中取栗还不自知，以为可以借机实现自己的理想，恢复大清江山，他做“中兴”第一人；待到全国一致声讨，段祺瑞组织“讨逆军”打回来，才气得直跳脚，不仅丢了作为命根子的军队，还落了个复辟的恶名。

这样的张勋，在江西人那里，在奉新县，当然有人缘，即使他后来身败名裂，还是有人念他的好。不过，这样的人缘，我们在江苏北部的张勋驻地，却找不到。显然，张大帅的乡情是有代价的，而这个代价是由徐州和海州一带老百姓来支付的。

遗臭万年的张辉瓒

张辉瓒在军阀时代，不算是大人物，他的出名，主要由于他是国民党对中央苏区第一次大规模“围剿”的前敌总指挥，而且一败涂地，受过毛泽东诗词的“表彰”。清末湘军兴起以来，湖南出将军，但战事也多，外面的人打还不够，自己关起门来打。北洋时期，就数湖南军阀的派系多，有赵（恒惕）派、程（潜）派和谭（延闿）派，后来赵派中又分裂出唐（生智）派，湘西还自成一个系统，谁也不理。张辉瓒就属于势力最弱的谭派的一个小小的师长。那个年月，军长、师长、司令遍地都是，有两支枪就可以充司令，一支手枪自己拿，另一支长枪卫兵扛。谭派在湖南，多数时候在野，甚至四下流浪，寄人篱下，所以，这种师长能有多少军队，天才知道。当然，张辉瓒还比较幸运，由于主公谭延闿站队正确，选择了国民党，在国民党内又选择了蒋介石，所以，在协助蒋介石打败了政敌唐生智之后，谭派居然在湖南当家做主了，虽然此时谭延闿已经将军队交给了部下鲁涤平。

在谭延闿短暂的主政湖南期间，论功行赏，张辉瓒曾做过一任湖南的警察厅长。说起来，张辉瓒也算是个读书人，日本士官学校的毕业生，享有儒将之名，所以，在警察厅长任上，很是出了一回风头。据说有次设计抓了一个很伤风化，却又在政界很有靠山的老鸨，将其就地正法，还附了一篇骈四骊六的判决书，很是让遗老遗少们兴奋了一阵子。在跟鲁涤平之后，对付打算跟蒋介石叫板的唐生智，抄后路，也抄得不错，害得唐生智兵马未动，就已经四分五裂崩溃了。

不过，此公跟红军打仗却运气很差，第一仗就被歼灭（师部并两个旅），自己做了俘虏。幸好由他小舅子朱耀华率领的一个旅，见机得早，开溜及时，不然后来为他修坟的人都没有了。被俘之后，据红军的叛将龚楚说，张被带到了朱德那里，朱德表示要办一个红军学校，让张来做教授。张辉瓒还见到了同乡毛泽东，张口便称润之先生，彼此还叙了旧，他们原在大革命时期的广州，曾经相识，毛还到湘军做过演讲。张辉瓒表示，可以给红军捐献药品和弹药。据郭化若回忆，毛泽东当时显然没有要杀张辉瓒的意思，双方谈得还不错，而且张的利用价值还挺大，至少对红军的装备改善会有帮助。可是，毛泽东见过之后，不知怎的，张辉瓒就被拉去开公审大会了，会后，张辉瓒的头被割了下来，放在一块木板上，顺赣江放了下去。这颗头，后来被葬在岳麓山，蒋介石送了一副“呜呼石侯魂兮归来（张辉瓒字石侯）”的挽联。坟就安在跟黄兴和蔡锷的坟很近的地方，规模也差不多，当然，这坟，现在的人们是看不到了。

小时候，我中学有个很好的朋友，父亲是朱耀华的后人，跟张辉瓒有亲戚关系，由于不满于现实，而倾向革命，后来却被发配到了黑龙江的北大荒。他和父亲，一直都在为张辉瓒背黑锅，混都混不过去，因为那是领袖诗里提到的反面人物。在“文革”期间，革命小将见了他家的人，就会背诵：“齐声唤，前头捉了张辉瓒。”

张辉瓒，就是这样一个很惨的人，很不幸参与了第一次“围剿”，很不幸碰上了毛泽东，碰上了毛泽东又不赶紧逃，还逞能孤军深入，更不幸的是大名被毛泽东的诗记录了下来，想不遗臭万年，难！

“企二代”卢作孚

人们都知道，关于中国的民族工业，毛泽东有“四个不能忘”的说法：重工业不能忘了张之洞，轻纺工业不能忘了张謇，化学工业不能忘了侯德榜，运输航运业不能忘了卢作孚。而这个中国人不能忘的卢作孚，在 1952 年的“三反”运动中自杀，当时新华社内参报道时，在卢的自杀消息上，加了“畏罪”两个字。

跟张謇相比，卢作孚只能算是中国企业家的第二代，不过，他却是第二代中的翘楚。他以一条百吨的小轮船起家，十几年就发展成为拥有几百艘轮船的航运业巨头，民生公司的客船，无论什么时候都一尘不染，服务生彬彬有礼，一副学生模样，客人上船，无论贵贱，一律有舱位，有饭吃，有水喝，但是却没有其他客运船上常见的黄、赌、毒。民生一出，当时横行于中国江河湖海的外国公司太古、怡和、大阪，和中国的轮船招商局，都为之黯然失色。

尽管卢作孚一手打造出民生公司这个航运巨子，但他却并不认为公司是自己的。解放以后，在全国的工商业社会主义改造还没有提上日程之前，他就把公司交给了国家，实现了公私合营。卢作孚一家，过着最简朴的生活，布衣素食，连自己办公的桌椅都是公司的。按道理，像卢作孚这样的人，在一个以反贪污为目标的政治运动中，是不会有什么事情的，但是局势的发展，却出人意料。我们知道，在共和国历史上，“三反”、“五反”属于一个运动，“三反”在前，主要针对国家干部，“五反”在后，主要对付的是私营资本家。在“三反”阶段，卢作孚就陷入运动旋涡里，成了某些运动员的猎物。查账的人来了，动员大会开了，面对面、背靠背的揭发开始了，或明或暗的，都瞄着卢作孚。一天，终于有了重大突破，有人揭发，卢作孚在某次上北京开会期间，收买公司的公方代表。揭发者不是别人，恰是卢作孚的通讯员，一个从小被卢收养的孤儿，一直被卢视为自己儿子一样的人。

卢作孚死了，很是经过些大风大浪的他，对于这种群众运动的压力，完全不能适应，他选择了结束自己的生命，留下遗言，要家人把借用公司的桌椅还掉。后来很快就查明，所谓的收买公方代表事件，不过是卢作孚和公方代表一起上京开会期间，他个人掏腰包一起吃了一顿饭。除此以外，在卢作孚身上，查不出任何一个哪怕细微的问题。

到新中国成立，中国的企业家已经经历了半个多世纪的奋斗历程，成长起两代人来。在与外国资本角力中杀出来的第二代，不仅学养、素质堪为社会精英，就是经营方式，也中西贯通，令西人叹为观止。只是，这两代人尤其是后一代人，在进入新中国之后，基本上没有发挥多少作用，过急过快的改造，“猪没养肥就杀了”，使得这些人很快就退出了历史舞台，成为拿定息的食利者。当中国人再次意识到市场经济的价值时，这些企业家大多已经人去灯熄，不死的也已垂垂老矣，国人不得不再一次从头再来，重新培育自己的企业家。又过了几年，人们发现，跟当年企业家多由社会精英、书香门第出之不同，新生代的企业家鱼龙混杂，就是那些最优秀的分子，所作所为，也经常令人头痛。

杜月笙的“维权”生涯

杜月笙是旧中国上海的青帮老大，也是上海滩著名的“闻人”。按著名报人徐铸成的说法，流氓首领，帮会领袖，不管你有多大声势，只能叫作“大亨”，上海滩够得上“闻人”的只有有数的几个人，而杜就是其中之一。

作为帮会头子，走私贩毒、包娼包赌，这些活计肯定是要做的，而且手眼通天，人脉极广，全国的军政要人、帮会同道并土匪马贼都买他的账。据说当时如果丢了特别紧要的东西，只要杜老板肯帮忙，不管丢在什么地方，都是可以物归原主的。在上海，无论什么时候，杜老板进到哪个舞厅，所有人都会停下来恭敬地看着他，乐队马上改奏迎宾曲。当然，如果杜月笙的本事仅限于此，那么他就担不起“闻人”二字。杜月笙的本事在于，他经常能做点儿好事，上海几乎所有大学，他都是校董，免不了要大笔地捐钱；凡是像点儿样的公益活动，都有他的身影，慈善募捐，认捐的头几名，肯定有他的名字。无论是失意政客还是落魄文人，只要你有名，到了上海，他都养着，给房给钱，而且给得相当巧妙，不让你有吃赏饭的感觉。大名鼎鼎的段祺瑞、杨度，都吃过他的饭，而且，就是在吃杜老板供养期间，杨度变成了中共的秘密党员。

杜月笙之有名，还在于他在跟上流社会打交道的同时，并没有忘了帮会原初的宗旨，以特殊的方式为某一部分下层百姓讨利益。因此，在上海的普通民众眼里，杜老板的口碑也是相当不错的。当时的上海，不管你是街头的小贩，还是四马路的流莺，受了欺负，只要运气足够好被杜老板知道了，他就会管，而且肯定会给你一个说得过去的说法。在国民党政府控制下的黄色工会，不再替工人说话，或者组织罢工时，杜月笙和他的门徒就承担了这个惹事的买卖；20 世纪三四十年代的许多工人罢工，都有帮会的背景，特别是那些处于社会最底层的码头工人、人力车夫的“维权活动”，都无一例外地得到了杜月笙的支持。为了支持这些罢工，杜月笙甚至不惜冒跟政府当局搞翻的危险。从某种意义上说，杜月笙之所以在抗战以后，在国民党政府那边越来越失势，1948 年连儿子都因所谓破坏金融秩序的罪名抓了起来，很大程度上是他这种替工人“维权”的行为所致。事实上，20 世纪二三十年代，共产党人还热衷于工人运动的时候，也必须借助杜老板的力量，早期上海总工会的会长汪寿华还拜山入了杜月笙的山堂，只是后来蒋介石搞“四・一二”政变的时候，受到各方的压力与诱惑，杜月笙又出卖了他。这件事，后来成了杜月笙一生悔之不尽的憾事。1949 年以后，当他逃到香港，和在京剧界有“冬皇”之称的孟小冬一起生活的时候，还不断地提及此事。

一个国家，当政府尤其是警察和司法部门不能维护秩序，不能还下层百姓一个起码的公道的时候，下层百姓就会去求助黑社会。黑社会也自然会以下层社会的执法者面目出现，在很多场合充当裁判，尽管他们本身，在某种程度上就是秩序的破坏者和下层百姓的压迫者。凡是有人群的地方，都需要某种秩序，都有人在寻求公道，如果政府失职，那么自然会有替代者。旧中国的种种乱象，在很大程度上源于此。

“佛见喜”李莲英

在晚清，李莲英可是个大人物，从某种意义上，名头比那些王公大人甚至中兴名臣还要响，说起晚清掌故，想不提李总管的大名都难。种种传闻，说好的有，说坏的更多。在很多遗老遗少眼里，大清国之所以完了，多少跟这个“没把儿的茶壶”（阉人）有点儿关系，西太后做的孽，大概有一半得算在他的头上。

说起来，李莲英，甚至他的主子西太后，都有点儿生不逢时。如果放在别的朝代，像他这样的宦官和这样的太后，说不上流芳百世吧，也断不可能留下骂名。可是晚清赶上的是一个千年未有之变局，是已经进入现代的西方，用武力胁迫东方进入他们世界体系的时代。在这个危机四伏的时代，领导中国实现转型，显然不是一个没有受过多少教育的女人所能胜任的，所有的处置失当，作为一个女主来说，身边的宦官，自然而然地要背些黑锅。

从朱一新、安维峻这种铁面御史的弹章，到街谈巷议的群众舆论，李莲英的所作所为，大体上跟他的前辈们，从东汉的中常侍到明朝的刘瑾、魏忠贤们差不多，无非是惑乱朝政，卖官鬻爵这些事儿。比起西太后第一个宠信的太监安德海来，李莲英还算是幸运的，因为还没有人说他走运是因为没有骟干净。

虽然李莲英在西太后跟前一直得宠，甚至破例得封四品顶戴，但到目前为止，没有任何靠得住的证据表明，他曾经（哪怕一次也行！）对朝政插过嘴，臧否过哪怕一介小官。虽然走李莲英门路升官的人倒是不少，估计银子也拿了不少，但是，实在找不出证据，说有哪个人得的官，是李莲英背后在老佛爷那里递了话儿。李莲英的发财，更多的可能是人们把他想象成那种一言九鼎的人物，想象成可以弄权搞名堂的宠臣。也就是说，人们按照从前得宠宦官的面目，来比照李莲英，比照来比照去，送银子走门路成了常态，而不送倒成了心病，为了保险起见，大家还是送的好，所以就都送了。其实，在西太后眼里，李莲英是个特别低调，行事谨慎，而且极其干练富有指挥调度才能的人（宫里的许多大规模的仪式活动，都是李莲英一手操办，无不井然有序）。这个一直自比乾隆的当朝太后，根本不可能允许太监，哪怕是最亲信的太监，对朝政插半句的嘴。对这个清朝祖制上根本没有根据的女主来说，只有更加严格地讲究祖宗规矩，才能够堵住别人的嘴，所以，尽管她用这些人，但也只是当使唤的下人，绝不会让他们染指朝政。在其他的宦官和宫女眼里，李总管虽然位高权重，却是一个善解人意，从不作威作福的人，只要有机会，他总会给人以方便。所以，宫里虽然派系复杂，但没有人背后算计他。

所以，当朱一新他们指名道姓地弹劾李莲英时，无论如何是不可能让老佛爷相信的，最后丢官的只能是这些不怕死的都老爷（御史），只是成全了他们的刚直之名。按朝中的规矩，李莲英唯一做得不太好的事情，是经常把西太后的日常起居状况通报给跟他关系好的大臣，比如庆亲王奕劻、北洋大臣袁世凯等，以便这些人随时掌握西太后的动向，上朝的时候好有个准备。但是这种事情，显然是大臣方面更加主动一些。

一位伺候过老佛爷的宫女说过，李莲英就像一种俗名叫“佛见喜”的梨，看着黑黑的，很不起眼，可吃起来又甜、又酥、又细、又嫩。李莲英外表看着不怎么样，可当差当得滴水不漏，你刚刚想到，他已经做到了，让西太后舒服而且放心。这样的人，哪个位高权重的会不喜欢呢？

海上“苏武”

叶名琛在历史上，已经被定位为带有强烈贬义的“怪人”。洋人打上门来，只管关起门来扶乩请神，在僚属面前，装得什么事都没有，学谢安以示“镇定”。可惜，等不来“小儿辈破贼”，等来的却是鬼子进村，洋人打破了大门，把他抓了去。当时人就说他是：“不死，不降，不走；不战，不和，不守。古之所无，今之罕有。”

然而，换了我们，如果处在叶名琛的地位，又能怎么样呢？战，没有本钱；和，没有授权；守，自然是守不住；走（逃）的话，清朝法度，地方官守土有责，如果弃城而走，日后是要掉脑袋的。一介县令尚且不能逃，何况堂堂的两广总督？走尚不可，降就更不行了，自己丢人不说，家族的脸面都没了，多少年多少辈抬不起头来。当然，死是可以的，只是，一来洋人的炮弹没长眼睛打到总督大人，二来叶名琛自许名臣，有“疆臣抱负”，要为朝廷分忧，国家外患未了，不能死。再说，如果说叶名琛表现不好，那么当时有谁表现好呢？广东巡抚柏贵，在洋人据城之后，依然开衙视事，按洋人的旨意行事，活脱脱一个汉奸。僧格林沁倒是战了，冒充土匪攻击人家使团在先，在八里庄的平原上摆好队伍跟洋枪洋炮对阵在后，换来的，不过是自家士兵的被屠戮和京师的沦陷。

广州城破之后，叶名琛做了俘虏。洋人还算“文明”，没有给我们的总督大人五花大绑，上铐戴镣，甚至连碰都没碰他，还让他带上日用品，甚至食用的粮食并若干仆人，因为叶大人既不打算吃洋人的饭，也不打算用洋人的东西，当然更不用说使唤印度人了。就这样，叶名琛被带到了船上，一路漂泊，到了印度的加尔各答。在那里，叶被关在一栋小楼里，每天写字作画，以海上苏武自许。据说，他的钤有“海上苏武”印章的字画，大半都送给了洋人（这成为日后国人鄙夷他的一个重要理由），是否真确，不好说，可是有一点是可以肯定的，那就是他老人家只吃自己带去的粮食，一年后粮食吃光了，他便不食而死。这时候中国和英法联军的战事尚未结束，国内的反叛遍地烽火，朝廷上下焦头烂额，自然没人想起这位海上的苏武。

按说，死在加尔各答的叶名琛，如果非要类比哪个古人的话，往好一点说，倒更像不食周粟的伯夷叔齐，因为他真的不食“洋”粟死掉了。虽然同在异域，苏武是汉朝的使节，被扣押在匈奴，放了 19 年的羊，叶名琛是清朝的疆臣，城破做了俘虏，两人的境遇好像根本挨不上。不过，仔细想想，叶的自许也不无道理。按清朝的制度，虽然总督实际上是疆臣，但名义上却是上面派下来的中央官员，而两广总督，一向是负有跟洋人打交道办交涉的使命的，在鸦片战争之后，这种职责更是明确，所以，叶也可以说是具有使臣的身份。作为使臣办交涉而交涉不明白，进而被野蛮的洋鬼子扣押，所以，他当然是苏武。为了不辱使命，打定主意不食洋粟，可是加尔各答没有羊可牧，带来的米又不够多，只好不食而死了。

叶名琛的“怪”，事实上是两个文化差异巨大的世界碰撞之初很容易产生的现象。当时的中国人，实在不知道该怎样跟洋人打交道，“刚亦不吐，柔亦不茹”，人家软硬不吃。打又打不过，谈吧，又不是一种话语体系，自己很是放不下天朝上国的架子，心里总是拿洋人当本该给自家进贡的蛮夷。就是在叶名琛被俘的同一场战争中，英法联军派出的使者同样被"文明"的大清扣了，关在天牢里，罪名一项居然写的是"叛逆"，分明是人家都兵临城下了，还拿人家当自己的属国。当时的皇帝和满朝文武，其实没有一个比叶名琛更明白，更有章法。从这个意义上说，真正可笑的算不上不战不和不守、后来又以海上苏武自居的叶名琛，而是咸丰皇帝和那个看起来十分强悍的蒙古亲王僧格林沁。叶名琛之所以看起来可笑，仅仅是因为他的处境。他不幸的是一个特别有抱负的旧式士大夫（科门高第，翰林出身），却撞上了新时代的门槛，他绝非贪生怕死之徒，但却遭际了比死还屈辱千百倍的难堪，换来了百多年的笑骂（早知如此，还不如城破时一刀抹了脖子，这个胆子，我想叶名琛是有的）。虽然算是清朝大员中第一个坐过洋船的人，又在洋人的地盘上生活了一年有余，但是他到死也没有明白他的对手是些什么人，只有按照古书上的古人模样行事，学伯夷叔齐，自许苏武，即使是把字画给洋人，其实也算不得失节，因为那毕竟是洋人自己来讨的：在洋人看来是好奇，在叶名琛则是教化——让这些蛮夷见识点中华文化。

我没有为叶名琛翻案的意思，作为历史人物，叶名琛其实无案可翻，他做的事情，没有被历史给添加过什么，或有过多少污蔑不实之词。只是，在那个时代，他没有做错什么，他的被人笑骂，除了他自我的不甘平庸之外，仅仅是暴露了在那个文化碰撞的时刻，因为隔膜所致的可笑。这种可笑，任何一个民族都在所难免，只要你赶上了那个时刻。

在叶名琛的故事发生后不久，洋人打进了北京，我们的"天朝上国"终于在刺刀下放下了架子，被人强拉进了人家的世界体系。不仅允许外国使节驻扎北京，而且成立了第一个专门应付西方的"外交机构"——总理各国事务衙门。从那以后，如何跟西方打交道就成了国人长期的难题，李鸿章的"打痞子腔"和曾国藩的"以诚相待"，用在洋人身上其实都有点儿不合时宜。由这个难题而引出的现代性变革，波澜起伏，起起落落。其间，叶名琛的故事一直是作为笑话存在的。不知道有没有人想过，那其实不是一个笑话，而是一个遗传了百多年，至今在我们身上阴魂不散的悲剧。

福将的草包思维

曹锟在发迹前，是个保定府的布贩子。不过，他的贩布事业一直在可有可无之间，实际上，就是街上一个闲人。闲人可是闲人，人家一不是流氓，二不是地痞，保定府不是天津卫，在大清国那会儿是直隶总督府所在地，没天津那么多嘎牙子、混星子。曹锟这个闲人，为人相当厚道，只要有人要他帮忙，出力气出多少都心甘情愿，一帮到底，只要管饭就行，人送外号曹三傻子。不过，傻子脸皮也厚，只要看见人家请客，不管是谁请谁，只要其中有他认识的，进去一屁股坐下就吃。

惹祸就惹在这个脸皮厚上。一次，曹锟如法炮制，蹭了一顿酒饭，大概是酒菜比较好，因此多喝了几杯，出门撞上一家娶媳妇，曹锟不知哪根筋搭错了，死活非要掀人家轿帘，看看新娘子长什么样。这下坏了事，人家是当地有势力的，当场就要揍人送官，幸好几个闲人拉住曹锟走得快，才没被拿住。回到家，酒醒了之后，曹三傻子越想越害怕，干脆，三十六计走为上，他溜了。去哪儿呢？正赶上袁世凯小站练兵，他投军去也。

小站新军，当时是大清国最先进的新式军队，一色儿普鲁士装备、编制并操法教练，薪饷也比一般勇营和绿营高上许多。招兵按曾国藩练湘军时的规矩，不招城里人，只要那些乡下土得掉渣儿的农民。按说，曹锟这种城里的无业游民，是新军特别忌讳的，可是曹锟这个傻劲儿救了他，从外表上看，这个矮胖子看起来比农民还要憨厚。

曹三傻子进了军营，如鱼得水。傻子厚道，肯出力，不偷奸耍猾，而且认死理，对长官绝对服从，要干啥就干啥，从来不讲价钱。脸皮厚也在这个新场所变成了优点——长官和同僚怎么拿他开心，甚至无端的羞辱，他都恬然接受，连一点儿不高兴都看不出来。在那个时代，中国军队的带兵官，大概都喜欢这种性格的士兵，于是，曹三傻子很快得到了长官的赏识，北洋军官学堂招生，傻子被推荐了上去。在学堂里，同样是凭着这股傻劲儿，虽然磕磕绊绊，但也毕了业，当了军官。当了军官还是因为这个傻劲儿得到长官的赏识，一步步升上去，直到入了袁世凯法眼。待到袁世凯当民国大总统的时候，人家这个当年保定街头的曹三傻子，已经是北洋军嫡系主力第三师的师长了。

袁世凯死后，天下大乱，军阀混战，曹锟越混越好，越混越大，最后在1922年打败奉系军阀张作霖之后，控制了北京政府，傻子居然做了总统。傻子做总统也是傻做法，直接花钱买，一个议员一张票，开价5000大洋。结果被一向视民主政治为神圣的西方人，骂为“猪仔总统”。

说起来，曹锟确实没什么本事，用今天的话来说，就是智商不高。曹锟之所以被重用，有人说是由于袁世凯喜欢听话的庸才，其实不是，因为作为一世枭雄，袁世凯麾下的大将，多数还真不是这样的人，曹锟其实是个例外。最大的原因，我看是由于曹是个特别符合传说中“福将”特征的人——胖胖的，憨厚，脾气特好。军界的人多少都有点儿迷信，碰上福将，就是草包也得用。人家曹锟还是有福气，运气好，治军、打仗、治国，甚至连投资都没有什么突出的地方，可就是混得好。当师长之前，没有多少仗可打，等到有仗的时候，主要是吴佩孚给他顶着，南打也赢，北战也胜。北洋军阀时代多少人精子，最后居然让个傻子当了总统，而且是实权总统。

咳，到哪里说理去！

唐八先生的女权运动

唐八先生是个女人，名叫唐群英。唐群英这个名字，现在已经没有多少人知道了，但是，在辛亥革命后的几年里，全国上下，有头有脸的人物，有谁不知唐群英呢？当时的京剧，约等于今天的流行歌曲，可是京沪两地的名角，无论生旦净丑，没一个能抵得上唐群英名气大。不过，当时的人们之所以知道唐群英，主要是她带领娘子军的三次“大闹”：一闹临时参议院，砸了玻璃窗；二闹国民党成立大会，在众目睽睽之下，扇了宋教仁一个耳光，临时参议院议长林森出来劝解，话还没出口，也挨了一下（一说，林森缩得快，没有打着）；三闹长沙日报社，这次当事的男人见机得早，都溜了，只砸烂了报馆排字房，害得当天的报纸出不了。

这些故事，听起来像是水泊梁山孙二娘的勾当，其实却不然。唐群英在历史上，本是个很正面的人物。首先出身名门，父亲唐星照，是湘军宿将，唐长大嫁入曾（曾国藩）家做媳妇，依旧是名门名媛；其次觉悟很早，在家为人媳的时候，就跟秋瑾结为死党（也是亲戚），丈夫死后便奔走革命，到日本留过学，是华兴会的最早的成员之一，同盟会的元老；其三革命勇敢，辛亥革命时，组织女子北伐队，虽然没有真的出兵开仗，但名声却连袁世凯并清廷的摄政王都有耳闻。三次大闹，理由都很正当，前两次都是为了男女平等（当时叫作“平权”）问题，闹临时参议院是因为《临时约法》，没有提男女平权，闹国民党成立大会，是因为党纲上删去了“男女平权”的条款。砸玻璃、打耳光其实还是小意思，按唐群英在报上的宣言，对不承认男女平权的臭男人，她们是要以炸弹、手枪对付的。大概是当时像唐群英这样的女子少了点儿，军火也不够充足，一场对男人的战争才没有打起来。

不过，唐群英的第三次大闹，却跟男女平等没多少关系。1913 年 2 月，一位仰慕唐群英的有名男士，求之不得，未免有点儿神经兮兮，在《长沙日报》上登出一则启事，说是某年某月某日，唐群英将和自己结婚。唐群英闻后，带人到报馆问罪，要求报纸出刊更正，报馆主编说，那是一则广告，广告哪有更正的道理。两下说不通，娘子军这才动的手。这事最后闹到官府，一个要赔偿设备损失，一个要赔偿名誉损失，当时的湖南都督谭延闿两边都得罪不起，自己掏腰包赔了报馆了事。

唐群英的时代，中国的女权运动还处于初期的激情岁月，觉悟了的女子，个个都很激愤，对男人的压迫，相当痛恨，说起话来，张口闭口，恶男子，臭男人，而争女权的目的，目标也很宏大，都是为了国家的强盛，民族的自立。但不经意间，对自己的名节，都很在意，做女侠可以，但风流韵事是没有的。自家已是单身的寡妇，对于一个苦苦的追求者的出格表白，居然以更加出格的行为对付，唐群英的愤怒，显然跟自己的名节受损有关。这一点，比起“五四”和大革命时期革命女性的“一杯水主义”来，有天壤之别。

三闹之后，唐群英在政治舞台上再没了动人的表现，但她娘家的家族，却很以出了这么一个女中豪杰而感到自豪，破例将她列入唐氏族谱，称她为唐八先生（她在族中行八），她家乡的族人，也称之为唐八公公（按传统社会的惯例，女人是不会入娘家的族谱的，她们的位置，如果有的话，也应该在夫家的族谱上）。从某种意义上，唐群英力争女权的奋斗，痛骂并怒打臭男人的结果，是为自己争得了一个男人的名头和地位。

野史中的另类人性

长袍马褂与牢骚

清末的中国，是个多灾多难的地方，外国人打上门来，总是吃败仗，灰头土脸，割地赔款。在败给近邻日本之后，国人深刻总结教训，认为原因在于人家尚武我们崇文。洋鬼子也跟着起哄，说中国的政坛上，尽是些文学之士，跟我们打仗，安得不败？

于是国人开始改辙，有识之士投笔从戎，奔外国学军事去也。当然，首选的地方是日本，不仅由于人家打我们打得最疼，而且据说日本跟我们文化相近，学西方学得最像，有现成的经验。于是日本士官学校就塞满了“清国留学生”。为了减轻压力，日本不得不专门为中国人建了一所振武学校，作为士官学校的预备班，学制三年，平白让中国学生比日本人多花一倍的工夫，也害得蒋介石没有来得及进士官学校，就因“革命需要”回了国，造成一生的遗憾。在派出留学的同时，国内的军事学校也纷纷开建，陆军大学、陆军中学、陆军小学，各种专门军事学校，再加上各地的讲武堂、将弁学堂、弁目学堂，一时间军校遍地开花。不仅军校，这个时期办的普通新式学堂，学生也大多军校生打扮，校服像军服，一律大檐帽；无论中学还是小学，跟习武有关的体操课（今天的体育课）特别吃香，体操老师比格致（数理化）老师还难找，待遇也更高。

总之，在清末民初的一段时间里，国人，尤其是那些昔日穿长衫、戴方帽子、走路迈方步的读书人，很是发了一阵狠，说是要一改过去重文轻武的积习，从“东亚病夫”变成让世界吓一跳的醒狮。一身戎装，马靴、皮鞭、东洋刀，如果再配上一匹高头大马，是男人最酷的装扮。

过了若干年以后，这些学成回国或者毕业的武人们，没有机会在“吞扶桑”的战事中施展拳脚，反而将本事全用在了打自家人的内战上面。大打、中打、小打，联甲倒乙、联乙倒甲，无日不战、无地不战。这时候我们发现，这些学军事的武人们，包括昔日日本士官学校的高才生们，倒喜欢起了长衫，只要有机会，一律长袍马褂，而这种从前读书人和乡绅服装的变种，一直被立志强兵富国的人们讥为“病夫服”，上不得马，打不了仗。更过分的是，这些将军们，不仅长袍马褂，而且不骑马，而是坐轿子，即使行军打仗，也坐在八抬大轿里走，有的人甚至带着家眷（多半是小老婆）一起。军情紧急的时候，经常发生抬轿的士兵丢下长官四散逃命的事情。好在，那个时候军阀打仗有条不成文的规矩，就是打胜打败，对将军们的身家性命尽量保全，杀俘的事很少。在留下来的军阀照片上，我们看到的都是一个个赳赳戎装的尊容，不过那多半是为了展示官阶和勋章照的，在私下里，他们基本上都是长袍马褂，一副富家翁的样子。

只要在某个地方驻扎下来，很多军队，凡营以上的军官，都自设公馆，在当地找房眷属，然后躲在里面烟泡吹吹（吸鸦片），麻将打打，基本上不到部队上去。有个湖南军阀的旅长，好不容易来趟自己的旅部，由于穿着长衫，而且总也不露面，卫兵见面不相识，就是不让他进，吵到旅部里的参谋副官出来，才算弄明白原来是旅长大人到了。这个旅长，当年也是日本士官学校的毕业生。

其实，当年脱下长衫投笔从戎的人们，原本也是打算通过强兵让民族崛起的，为了多学甚至偷学一点儿东西，可以吃任何的苦，受任何的罪，甚至忍受日本军曹的折辱。没想到，这些热血青年，却在日后的政局转换中，莫名其妙地成了据地自雄的军阀，或者军阀的工具。随着内战的频仍，昔日脱下长衫的军人，再一次脱下戎装换长衫，不仅意味着他们意志的消退，而且标志着中国第一轮的军事现代化努力的失败。不是橘越淮北而变枳，不是播龙种而收获跳蚤，更不是军队没有国家化的悲剧，而是整个一代精英寻路目标的迷失。

粗人的两极分化

民国时期的军阀，说起来净是些粗人。虽然自清末以来，政府大力推行军事教育，不仅在国内兴办军事学校，而且花大钱往外送人留学，不过，经过几番混战之后，真正混出名堂的，大多是些识字不多的速成的讲武堂毕业生，或者干脆就是像张作霖、陆荣廷、张宗昌这样大字不认得几个的。曾经叱咤风云的日本士官学校的毕业生，大浪淘沙之后，大概只剩下一个山西王阎锡山，其余的不是折戟沉沙，进了租界做寓公，就是像刘文辉、刘存厚那样守个偏远的小地方，做小诸侯了。至于少数几个美国西点和法国圣西尔军校（那是戴高乐的母校）的毕业生，只有给人做参谋的份儿，能混到校官就已经不错了。

粗人当家，行事难免粗糙，或者说粗野。打仗的时候，会许诺攻下城，自由行动三天；统治地方，也往往以催科是务，打军棍、杀人；有断案喜好的，则言出法随。胡帅张作霖有话，刘邦约法三章，我只一章：犯错就杀。全无前朝士大夫的繁文缛礼和多愁善感。不过，粗人也有不高兴的时候，令他们最不高兴的事，除了吃败仗，就是世风的日下。所以，大多数军阀，对维持风化都相当在意。

前朝的士大夫也留意维持风化，不过他们的重点多半放在兴儒学，禁淫祀，甚至不许唱戏方面。军阀是粗人，心思没有这么细，他们的维持风化，眼睛只盯住女人的胳膊。

民国是个女性服装变革的转折时期，一方面是西俗东渐，西式的裙服传入；一方面是中国的（应该说是满人的）旗袍改良。两者都在曲线和身体暴露方面有所表现。当然，也仅限于袖子变短或者变无，露出或多或少的胳膊。大概当时中国的男人，多数都是鲁迅说的那种，看见白胳膊就会想到裸体的联想狂。所以，一时间，这些露出的白胳膊，很是刺激了国人特别是某些男人的神经，让他们在吞咽口水的同时，认为有伤风化。

军阀的眼光和心思，与当时多数的男人所见略同，但是他们手里有枪，而且有权，因此他们的反应，往往变成严厉的禁查。于是，露出胳膊的女性晦气了。从南到北，到处都有军阀派的警察、宪兵和执法队奉命禁查，满大街找白胳膊。张作霖查、孙传芳查、陈济棠查、韩复榘查，甚至连那个狗肉将军张宗昌也查。不仅命令部属去查，而且在日理万机之余，亲自上大街围追堵截。韩复榘特别讨厌穿短袖或者无袖旗袍的女人，只要碰上，上去就是一顿耳光，然后关禁闭。一次，把一群穿半袖学生服的女中学生也打了一顿，关了起来，直到山东教育厅长何思源告诉他，这些学生穿的是校服，是中央统一规定的，这些哭肿了眼睛的女孩子才给放出来。

热衷于找女学生晦气的军汉们，也同样喜欢找女学生当老婆或者小老婆。凡是有驻军的城市，女中学生总有一些变成了军官家眷，以至于有的女子中学校长感慨道，学生都进了兵营，学校没法办了。这种时候，女学生露出的胳膊，又没有关系了，从某种意义上说，很可能是这些露出的白胳膊，刺激了他们对女学生的兴趣。

大凡转型时期，人们，尤其是握有权力的人们，对女性服饰的变化都比较敏感，在担心秩序失控的同时，对那些其实很让他们赏心悦目的服饰变化，表示自己的痛心疾首。那些脑袋里仁义道德和男盗女娼搅成糨糊的军阀，当然也不例外。对这些人来说，维持世道人心的唯一法门，就是再一次把这些露出点什么的女人包裹起来。

黑社会合法后的座次

立志要推翻清政府的革命党人，大多跟帮会关系密切。孙中山在檀香山加入致公堂成为红棍，仅仅开了个头，后面就一发不可收拾。同盟会中，原来光复会的人和原来兴中会的人闹意见，陶成章和陈英士彼此视同水火，但在联络会党方面，却异曲同工。在两广，则三合会;在两湖，则三点会、洪江会；在西北，则哥老会；在四川，则袍哥；在江浙，则洪帮或者青帮。或者跟帮会头目称兄道弟，或者自己直接投身其中，甚至干脆成为某个地方帮会的龙头老大。帮会和革命党人不分彼此，也不知道是革命党加入了帮会，还是帮会同人加入了革命党。

有研究者说，革命联络会党，只是革命党初期的策略，到了后来，就把工作重心转移到争取新军上面了。可惜，事实上没这么回事，跟联络会党相比，争取新军只占革命党工作的一小部分。不少新军将领虽然原来跟革命党有过联系，但回国做官之后，能否带他们的部下投身革命，本就是个未知数。不过,在新军起义成功之后,各地帮会的起哄也很重要,不然的话，不会有那么多的地方宣布独立。

如果说，檀香山的致公堂还不够“黑”的话，国内的会党，无论是洪帮系统，还是青帮系统，都是地道的黑社会，无论他们打还是不打什么“反清复明”的招牌。当然，在那个时代，即使是黑社会，也属于盗亦有道，有组织，也有规矩，轻易不会打家劫舍，扯旗造反。但他们毕竟是游离在正常社会之外的另一群人，一群跟犯罪活动有密切关系的人，一群令正常社会的老百姓感到害怕的人。

革命成功了，会党和革命党人一起成了革命的功臣。用袍哥的话来说，就是哥子做皇帝了。于是开山堂，散海底，招摇过市。军队里，旅团营连排的序列，跟帮会老大、老二、老三的等级重叠，衙门大堂，变了帮会的山堂、公口。从此以后，中国进入了一个黑社会合法化的时代，原来处在秘密状态的帮会，纷纷翻上地面。上海的青帮，在清朝统治时，只能在租界的庇护下，靠给洋人做巡捕寻点机会，可是进入民国之后，居然摇身一变，成了大亨，甚至闻人。政界的大人物，蒋介石、戴季陶等人跟青帮搅在一起；商界的头面人士，像阿德哥虞洽卿、王晓籁，同时也是帮中的兄弟；文化界的名流，也跟帮会夹杂不清。在四川，嗨袍哥的人下至贩夫走卒，上至达官贵人，无论在城在乡，想找到一个不在帮的人，竟然是件很难的事。但是，帮会并没有因合法化从根本上改变自己的生存之道，无论是青帮、哥老会还是袍哥，都依旧包娼包赌，走私贩毒，甚至跟土匪勾结，干些不要本钱的买卖。以至于为了跟那些依然杀人打劫的袍哥有所区别，袍哥在这个时候分成了清浊两系，当然在实际生活中，彼此间有时也很难截然撇清干系。

黑社会合法化，虽然不见得意味着没有秩序，但是这个秩序，却是参照黑社会的规则建立的秩序。这样的秩序，无论百姓还是政府，是不会感到舒服的。为了从这个秩序中解脱出来，先前跟帮会关系密切的国民党要人，开始撇清跟老朋友的关系。抗战之后的青帮闻人杜月笙十分困惑，感到尽管对蒋介石有从前的恩惠，一直也十分顺从，但蒋对他依然打压有加。他不明白，其实不是老朋友不够朋友，而是形势比人强。

有名无实的空头总统

做官要做带兵的官，这话是谭延闿发明的。只是，尽管谭延闿从来不做空头的省长或者督军，尽量挂上些司令、军长之类的兵头衔，但由于自家是个纯粹的文人，而且心慈手软，所以一直也做不成名副其实的军阀，当然也就抖不起武夫的威风。可是，有些纯粹的武人，一旦混上去了，官做大了，名义上带的兵更多了，但醒过味来，却发现自己其实一个兵也没有，段祺瑞的例子是一个典型。在北洋系统，除了他的主公袁世凯，大概资格、位置没有超过他的，虽说位列北洋三杰龙、虎、狗的第二，但实际的地位却是公认的老大。北洋军阀将官如毛，绝大多数都是他的门下。袁世凯在练北洋军的时候，他是最早的统制（师长）；袁世凯做了民国的大总统，他是最有实权的陆军总长；袁世凯死后，他成了民国总理。虽说张勋复辟其实是他一手导演的活剧，无非是借此驱赶跟他不和的总统黎元洪，可是当他打算再驱张勋，“再造共和”的时候，发现自己手里居然没有可供调遣的一兵一卒。没办法，只好收买第八师师长李长泰的小老婆，用枕边风吹动了一个师，然后再以许愿封官的方式说动了第三师师长曹锟，前第十六混成旅旅长冯玉祥（虽然不在任，但仍能控制这个旅），才马厂誓师，杀回北京。再次掌控北京政权之后，马上借参战（参加第一次世界大战）之机，编练属于自己的参战军，这才算有了所谓皖系的核心武力。

位列北洋三杰末尾的冯国璋，在这方面比段祺瑞要强。袁世凯死的时候，他坐镇南京，后来做副总统，依然在南京遥领，就是不肯跟他的部队分开。黎元洪下台，他以副总统接班做总统，实在没法再赖在南京，上任却带着一万多人的御林军，上任后改编成两个师，还是由总统亲自统率。甚至冯下台之后，这两个师依然属于他的私产，由大总统徐世昌下令：两师交由前总统冯国璋统带。

春秋战国是民为邦本，军阀时代则是兵为将本。山西王阎锡山说得最明白，没饭吃，宁肯饿死老百姓，不能饿死一个兵。兵对于军阀，就是孙悟空的金箍棒，贾宝玉的通灵宝玉，玉丢了，棒没得弄了，也就神气不起来了，甚至连性命都不保，不知道什么时候就会冒出个仇家，敲掉你的脑袋。孙传芳、张宗昌就是这么死掉的，那些替父报仇的人，到底是什么来路，其实谁也说不清。

不过，跟自己带的兵牢牢捆在一起的将军，无论在什么时代，都只能是军阀；只听从个人的军队，无论装备多么先进，也都只能是前现代的私军；仅仅靠军队才能维持的政权，也只能是军阀政权。当年美国总统尼克松将要受到弹劾的时候，黑格将军说，调两个师来，守卫白宫。尼克松说，在刺刀围绕下，是做不成美利坚合众国总统的。但是在第一次建立共和国的中国，总统必须带两个师自随，否则，就是个空头总统。当然，这样的总统，其实跟那些割据地方的大小军头没什么两样，都是草头王而已。

鸦片下的政治学

说历史的书在谈及军阀的时候，双枪兵和双枪将永远是个能逗起兴致的话题。所谓的双枪，就是一根步枪（或者别的什么枪）再加一根烟枪，意指那些抽大烟的军人们的“装备”。比较起来，按比率而言，在军阀的队伍里面，双枪将的比例要比双枪兵高，即使在那些士兵没有抽大烟习惯的军队里，军官也不乏瘾君子。生活稍微好一点儿，就要抽大烟，这是当时的风俗。北京的小富之家，每每鼓励孩子熏一口，说是可以让孩子踏实，不招事儿。那时，人们管鸦片叫芙蓉膏、福寿膏，可见其社会声誉并不像我们今天想象的那么差。同样，双枪兵的产生，也跟风俗有关。那个时候，西南和西北地区盛产烟土（论品质，西南的烟土优于西北），统治的军阀为了多收税，鼓励甚至强迫农民种罂粟，而农民为了提高收入，也多半乐于种植。种得多了，又没有人禁，价钱也就降下来了，谁都抽得起，抽大烟就跟近日吸烟卷一样了。在西南和西北地方，实际上社会各界，上下层人士都在抽，多少文人的回忆都提到，到了西南，轿夫和脚夫，路上休息时，首先做的事情是抽烟，饭吃不吃倒在其次。由于鸦片这种东西一沾就上瘾，跟饭和盐一样，离不开。所以，鸦片的种植，也就成为农民的一种对经济作物的追求，不断地可以生利（当然大头还是让掌权的军阀收去了），维持生计。那个时候，抽大烟实际上是种文化，跟我们的饮食一样，不仅有“食”的内容及形式的讲究，而且有器皿的追求（烟枪、烟具），还有吸食环境的建设。稍微讲究点儿的家庭，待客之具，少不了烟枪若干，烟枪的档次，代表着家庭的地位。达官贵人，吃花酒是交际，但真正谈事，必须趸进密室，伴着烟枪来。雏妓学生意，首先不是学唱，而是学如何烧烟，烧烟泡也是名妓色艺中“艺”的内容之一。那些将这毒物输入中国的老外，居然把小脚、辫子和烟枪同列为中国人的象征，反复展出。可恨固然可恨，但扣去源头不论，其实倒也不算冤枉，世界上抽鸦片的人多了，缅甸、印度比我们都早，为什么人家就没有发展出如此雅俗共赏的一套文化来？

军人也是人，逃不出食文化和烟文化的习染。漫说士兵，就是那些当日怀着一腔救国之志，留学日本回来的士官生，回国之后，过不了多久也开始吞云吐雾，士兵自然也就拿烟泡当干粮了。那个时候发军饷，经常是半为大洋半为烟土，没有大洋，光是烟土也无不可，士兵也跟抬轿子的苦力一样，不吃饭行，不抽烟不行。仗打败了，缴枪可以，缴烟枪不行。

按云南军阀龙云的公子（也是龙云的爱将）龙绳武的说法，抽大烟，对部队的战斗力其实影响不大。过足了瘾，打仗特别疯，如果战斗正在进行中，士兵也知道不打完抽不上烟，所以往往会拼命地打。另外一个好处就是，抽烟可以治病，西南地区，烟瘴之地，各种病特多，抽烟人在这方面感觉好得多。

龙公子是法国圣西尔军校的毕业生，可是在大烟问题上，却不按操典说话，其实抽烟对士兵的战斗力还是有影响的。虽然抽大烟跟吸食（注射）海洛因不一样，但也是吸毒，只不过对身体毒害的过程要慢一些。

不错，一般的头痛脑热，瘾君子是不得的，在军队里有了病，同僚们首选的方法是劝你吸烟，不分官兵都是如此。但用鸦片来治病，在当时的条件下，治死的也很多，特别是当患痢疾的时候，用鸦片治，一治一个死。悬赏烟土五两，固然可以激励士兵冲锋，但定期的烟瘾发作，毕竟是双枪兵的阿喀琉斯之踵，只要对方了解了行情，在瘾发或者过瘾的时候攻击，部队多半是要崩溃的。红军四方面军入川总是打胜仗，跟摸清了川军的烟瘾规律不无关系，这一点，看看徐向前的回忆录就知道。

所以，随着军阀混战的烈度增加，大家一致的看法还是不抽烟的好。在这个认识前提下，中国军队的双枪兵和双枪将们，总量一直在减少。抗战爆发以后，无论是川军还是滇军，将领们纷纷带头戒烟，要一雪内战之耻，所以，战绩相当不错。与此同时，中国的烟文化也开始衰败，公共场所，烟具逐渐销声匿迹，虽然抽大烟的人还有，但已经转入地下，不再是一种炫耀了。

洋枪下的矛与盾

瞄准射击是步兵进入火器时代的基本要领，可是这个要领，中国人掌握起来，很是费了些工夫。引进洋枪洋炮是中国现代化的起点，在这个问题上，国人一直都相当热心而且积极，即使最保守的人士，对此也只发出过几声不满的嘟囔，然后就没了下文。闹义和团的时候，我们的大师兄二师兄们，尽管宣称自家可以刀枪不入，但见了洋枪洋炮，也喜欢得不得了。不过，国人，包括那些职业的士兵，对于洋枪洋炮的使用，却一直都不见得高明。淮军接受了洋枪队的全部装备，也接受了洋操的训练，连英语的口令都听得惯熟，唯独对于瞄准射击，不甚了了。19 世纪 60 年代，一个英国军官来访问了，在他的眼里，淮军士兵放枪的姿势很有些奇怪，他们朝前放枪，可眼睛却看着另一边，装子弹的时候，姿势更是危险，径直用探条捣火药（那时还是燧发的前装枪），自己的身体正对着探条。

过了三十余年，洋枪已经从前装变成更现代的后膛枪，而且中国军队也大体上跟上了技术进步的步伐，用后膛枪武装起来；可是，士兵们的枪法，却进步得有限。闹义和团时，攻打外国使馆的主力，其实是董福祥的正规军，装备很是不错，从现存的一些老照片看，董军士兵大抵手持后膛枪，而且身上横披斜拉，挂满了子弹。可是，据一位当时在使馆的外国记者回忆，在战斗进行期间，天空中经常弹飞如雨，却很少能伤到人。由此看来，一万多董军加上数万义和团，几个月打不下哪怕一个使馆，完全是可以理解的了。董福祥的军队如此，别的中国军队也差不多。庚子前五年，中日甲午之战，北洋海军的表现大家都骂，其实人家毕竟还打了一个多少像点儿样的仗，而陆军则每仗必北，从平壤一直退到山海关，经营多年的旅顺海军基地守不了半个月，丢弃的武器像山一样，威海的海军基地周围，门户洞开，随便日本人在哪里登陆。当时日本军人对中国士兵的评价是，每仗大家争先恐后地放枪，一发接一发，等到子弹打完了，也就是中国军队该撤退的时候了。当年放枪不瞄准的毛病，并没有多大的改观。

进入民国，中国士兵脑袋后面的辫子剪了，服装基本上跟德国普鲁士军人差不多了，建制也是军师旅团营连排了，可不瞄准拼命放枪的喜好却依然故我。张勋复辟，段祺瑞马厂誓师，说是要再造共和，讨逆军里有冯玉祥的第十六混成旅，曹锟的第三师，李长泰的第八师，都是北洋军的劲旅，对手张勋只有五千辫子兵。英国泰晤士报记者、北京政府顾问莫里循目睹了这场战争，他写道："我从前住过的房子附近，战火最为炽热。那天没有一只飞鸟能够安全越过北京上空。所有的枪几乎都是朝天发射的。攻击的目标是张勋的公馆，位于皇城内运河的旁边，同我的旧居恰好在一条火线上。射击约自清晨五时开始，一直持续到中午，然后逐渐减弱，断断续续闹到下午三时。我的房子后面那条胡同里，大队士兵层层排列，用机关枪向张勋公馆方面发射成百万发子弹。两地距离约一百五十码，可是中间隔着一道高三十英尺、厚六英尺的皇宫城墙。一发子弹也没有打着城墙。受害者只是两英里以外无辜的过路人。"最后，这位顾问刻毒地向中国政府建议，同意一个美国作家的看法，建议中国军队恢复使用弓箭，这样可以少浪费不少钱，而且还能对叛乱者造成真正的威胁。

中国军队，自开始现代化以来，所要对付的对手，基本上都是些处于前现代状态的叛乱者，双方碰了面，只要一通洋枪猛轰，差不多就可以将对方击溃。可是碰上也使用洋枪洋炮的对手，这套战法就不灵了。问题在于，屡次吃过亏之后，战法并没有多少改善，轮到自己打内战，双方装备处在同样等级，仗也这么打。讨逆之役，双方耗费上千万发弹药，死伤不过几十人；1920 年直皖大战，动用二十多万兵力，打下来，也就伤亡二百余，真正战死的也就几十人；四川军阀开始混战的时候，居然有闲人出来观战，像看戏一样。不过，打着打着，大家逐渐认真起来，终于，枪法有人讲究了，毕竟不像清朝那会儿，对手净些大刀长矛。洋枪洋炮对着放，成者王侯，甜头不少，所以，在竞争之下，技术自然飞升。到了蒋介石登台的时候，他居然编了本步兵操典之类的东西，重点讲士兵如何使用步枪，从心态、姿势到枪法，尤其强调瞄准射击。

从士兵的枪法来看，中国的现代化真是个漫长的过程，非得自己人跟自己人打够了，才能有点儿模样。

笔杆子之度与枪杆子之毒

檄文本是古来国人开仗的时候，用以给自家壮胆，同时吓唬敌人的小把戏，其实用处不大。但古往今来，喜欢玩的人还真是不少。说某人文武双全，就说他上马杀敌，下马草檄，而且下笔千言，倚马可待。说来也怪，古来流传下来的檄文妙品，往往属于失败者一方，陈琳为袁绍拟的讨曹瞒檄，以及骆宾王的讨武曌檄，都是可以选入中学课本的佳作，连挨骂的一方见了，都击节赞赏或者惊出一身冷汗，医好了头风病。看来，文章和真刀实枪的干，的确是两码子事。在实际政治中，笔杆子不及枪杆子多矣，往往越是枪杆子不济事，才越要耍笔杆子吓唬人，而笔杆子耍出来的玩意，多半是给人消闲的（包括对手）。

前一阵儿在香港讲学，闲着无聊，乱翻清人笔记，居然发现了一篇这种吓唬人的妙文。此文简直妙不可言，足以跟讨曹瞒檄和讨武曌檄鼎足而三，丢下一句都可惜，抄在下面，供同好者欣赏：

为出示晓谕事，本大臣奉命统率湘军五十余营，训练三月之久，现由山海关拔队东征。正、二两月中，必当与日本兵营决一胜负。本大臣讲求枪炮，素有准头，十五、十六两年所练兵勇，均以精枪快炮为前队，堂堂之阵，正正之旗，能进不能退，能胜不能败。湘军子弟，忠义奋发，合数万人为一心。日本以久顿之兵，师老而劳，岂能当此生力军乎？惟本大臣以仁义之师，行忠信之德，素不嗜杀人为贵。念尔日本臣民，各有父母妻子，岂愿以血肉之躯，当吾枪炮之火？迫于将令，远涉重洋，暴怀在外。值此冰天雪地之中，饥寒亦所不免。生死在呼吸之间，昼夜无休息之候，父母悲痛而不知，妻子号泣而不闻。战胜则将之功，战败则兵之祸，拼千万人之性命，以博大岛圭介之喜快。今日本之贤大夫，未必以黩武穷兵为得计。本大臣欲救两国人民之命，自当开诚布公，剀切晓谕：两军交战之时，凡尔日本兵官逃生无路，但见本大臣所设投诚免死牌，即交出枪刀，跪伏牌下，本大臣专派仁慈廉干人员收尔入营，一日两餐，与中国人民一律看待，亦不派做苦工，事平之后，即遣轮船送尔归国。本大臣出此告示，天地鬼神所共鉴，绝不食言，致伤阴德。若竟迷而不悟，拼死拒敌，试选精兵利器与本大臣接战三次，胜负不难立见。迨至该兵三战三北之时，本大臣自有七纵七擒之法。请鉴前车，毋贻后悔，特示。（大岛圭介为甲午战时的日本驻朝公使，当时中国舆论认为他是导致中日开战的一个阴谋家。）

这篇檄文出自中日甲午战争期间湖南巡抚吴大徵之手（很大的可能是他幕僚的手笔），时间是光绪二十年年底（1895年）。当时，北洋水师已在困守刘公岛，离覆没不远。而陆军则从平壤一直退到海城。吴大徵在晚清，也属于比较开明而且务实的“廉干人员”。在危难时率军出征，而且带的是武器装备以及训练都远不及淮军的湘军，居然能够发出如此气壮如牛的檄文，要在战场设立“投诚免死牌”，并要约日军“接战三次”，让人家“三战三北”，自己则可效诸葛亮，有七擒七纵之法。

当然，吴大徵的部队，接战还是真的跟日军接战了，并没有说了不练，只是战绩跟淮军一样，打一仗败一仗，三战三北的不是日本人，而是他老人家自己。开战的时候，我估计什么“投诚免死牌”之类的也没有立起来，投降的日本人，一个都没有，一天管两顿饭，以及用轮船送回自然都谈不上了；倒是被围在刘公岛的北洋水师，全体被俘，被人徒手装在一艘卸除了枪炮的训练舰上，送了回来。

湘、淮军也是中国学西方搞军事现代化的产物，中日开战之前，中国的士大夫一致认为，日本军队不及湘、淮军远矣。就连世界舆论，也大多看好中国。没想到真的动起手来，如此不中用，两军轮番上阵，结果连一个小胜仗都没有打过。所谓“精枪快炮”，而且“素有准头”，只是嘴上说说而已，手里不比日军差的洋枪洋炮，起的作用，倒更像是过年放的鞭炮（据说吴大徵自己枪法倒是不错，在战前练了许久，不知为何没让带的兵练出来）。

害群之马与害马一群

辛亥革命武昌起义爆发后的一天，扬州城里来了一队散兵游勇，为首的用一匹白绸裹身，手里拎着一支手枪，大摇大摆地冲进盐运使衙门。清朝的命官早已不知去向，兵勇们乃喝令衙门里的胥吏打开库房大门，士兵每人抓了几个元宝，四散而去。剩下为首者和几个随从没有走，端坐高堂之上，看着眼前的元宝发呆。这时候，以为是革命党人破城的扬州绅士，派了几个代表前来打探，一通作揖并恭维之后，见为首的人整个话说不出几句，不像是个有来头的，但又不敢造次（怕万一真是革命党），出于对城市秩序的担心，于是要求为首的人出安民告示，免得秩序混乱。为首者觉得有理，遂一把拉过随绅士代表来的巡官，硬是让人家来办，巡官无奈，只好胡乱写了个告示，没有大印（盐运使已经带走了），就拿巡官的木戳顶杠。市面上哄传，扬州就这样革过命——“光复”了。

没过几个时辰，有好事者查出了为首者的底细，原来他不是什么革命党，仅仅是城外的一个闲人，名叫孙天生，在城外妓院做茶壶（杂役）。那时节革命党习惯在妓院里筹谋革命，孙天生大概是由此听说过革命党的只言片语，知道孙中山是革命党的首领，刚巧又结识了几个巡防营的老总。武昌起义炮响，沿江震动，孙天生贼心陡起，于是跟这些老总谎称他是孙中山的族弟，奉命前来光复扬州，大家可以一起发财。老总们哪管真假，一哄而起，抄起家伙，就跟着孙天生进了城。

巡防营的士兵们发了财，一哄而散，有的钻进了妓院，有的去大吃大喝，有的回了家。孙天生毕竟是首领，不像这些丘八这样短视，他没有走，虽然安民告示出得不伦不类，但并不耽误他抖威风。每天骑着高头大马裹着白绸子巡行街巷，还把盐运衙门里的家具什用之类的东西丢出来，让市民拣，说是革命嘛，我发大财，你们发点儿小财。就这样，一个俗称龟奴的闲人，做起了扬州的都督。

可惜，孙天生的幸福生活没过上几天。大概处在高处之后，他做茶壶的历史暴露得比较充分，或者这种手下没几个兵的都督（他也不知道招兵买马）难以服人，或者干脆是扬州的绅士们对这个小流氓当政不放心，反正有好事者请来了昔日横行江上的盐枭（贩私盐的首领），已经被招抚为官军，但依然横行江上的徐宝山（绰号徐老虎）。徐老虎带兵进扬州，孙天生做了阶下囚。在各地纷纷独立的声浪中，徐老虎没有当为朝廷平叛的英雄，而是接茬做扬州都督。当然，第一任的都督孙天生被砍了头，临刑前孙天生大叫："老子也做了三天的皇帝，够了！"不失为一条江湖好汉。

辛亥革命扬州的光复，从今天的角度来看，无疑是场闹剧。不过即使是闹剧，也确实是对清朝政府的一个打击，只是这个打击居然仅仅来自一个街头无赖，委实让人感到滑稽。一个长江上的重镇，一个号称盐商大本营的财赋之地，竟然在革命党连影还没有的时候，一个妓院的茶壶带几个散兵一嚷嚷，就变了颜色。当时扬州最大的官（也是清朝最著名的肥缺）两淮盐运使增厚（满族正红旗人），闻听有革命党进城，从西花园翻墙而遁，一溜烟跑得无影无踪。同为满族同胞的扬州知府嵩峒，还算有点儿志气，据说投河自尽了，可惜没有死成，获救之后也不知所终。

需要一提的是，这两个人，或“死”或逃，都是连孙天生的影子还没见到就作出的选择。

辛亥革命扬州的光复，相比起武昌起义、革命联军攻占南京，不过算件小事。可是恰是这件小事，却告诉了我们，这场革命和当时政局的某些不易为人觉察的内容。首先，我们发现，在那个时候，时局相当动荡，人心也相当不稳，清朝统治的合法性，受到严重质疑，但是一般被认为是挑战者的革命党的影响，却没有后来人们想象的那样大。扬州所处的长江三角洲地区，距离上海如此之近，风气开化，不缺乏新学堂和新知识，但是一般市民（包括绅士）对于革命党是怎么回事，几乎一无所知。大家（包括冒充的孙天生）都以为革命党就是白盔白甲，为崇祯皇帝戴孝、以反清复明为宗旨的洪帮（虽然革命党经常借助帮会，而且各地的起义也经常有人身穿白衣，打着白旗，但很少听说有人宣称自己是为崇祯戴孝的）。市民们显然没有将以孙中山为代表的革命党人，跟一向号称反清复明的洪帮区分开来，大概也没有能力分开。不仅如此，甚至还有人传说，革命党就是大伙“合一条命的党”；而且在传说中，革命党往往变得非常的厉害，说是他们可以将炸弹吞进肚子里，到时候一按机关，人弹齐炸（将现时中东的人体炸弹提前了近百年，而且更神）。市民们（包括部分的绅士）将革命党传得很神，虽然说对破坏满人官僚的神经大有作用，但对自己的分辨真伪，却没有什么好处，结果是让孙天生这样的混子钻了空子。当然，流氓无产者，一般都不会放过这种机会，他们的动作往往比革命者更快。

其次，扬州城的满人官员，也实在是废物得出乎人意料。作为一方政府首脑，身边怎么说也有几个兵，还有若干民壮和捕快，怎么会连革命党的影子还没见到，就闻风跳河或者逃之夭夭，连起码的责任都不想负，也不敢负。要知道，当时的天下，毕竟是他们满人的天下，闻警即逃，怎么对得起祖宗？可是，纵观辛亥革命的大局势，类似的事情还真有不少，类似的饭桶官员，还不止这两个。处于很关键位置的湖广总督瑞澂，起义的新军士兵一发炮，马上挖墙逃出总督府（大概由于总督府的院墙比较高），一溜烟儿上了停在江上的军舰。瑞澂一走，第八镇统制张彪心里发慌，他本是张之洞的娈童（张之洞雅好男风），本事有限，装模作样地抵抗了一下，也溜了。其实，当时的起义者根本就是群龙无首的一群乌合之众，稍微像点儿样的革命党领袖，已经因汉口租界的据点暴露，非死即逃。士兵们之所以起事，不过是因为传说革命党据点的暴露，使新军里革命党的名单已经落到了总督手里，总督将按图索骥，搜捕党人，因此所有跟革命党人沾边的人，都人心惶惶，正赶上有军官态度不好，面露狰狞，结果激成事变。当然，瑞澂草鸡不中用，别个满人官僚的作为也好不到哪里去。革命中，原本作为弹压各地的驻防的将军和副都统们，大多非死即逃，只有杭州和西安的满城，才在种族灭绝的威胁下，做了一点儿抵抗。荫昌贵为陆军大臣，受命镇压起义，连前线都不敢去，军队不战，则束手无策。号称能吏的端方，带兵入川，镇压保路运动，结果半路上就被自己带的士兵抓了起来；端方不仅没有一点儿满人大员的骨气，反而拼命求饶，说自己本是汉人，姓陶（他的字为陶斋），原籍浙江，先辈后来才投旗效力的。但是依然没有用，起事的士兵手起刀落，端方大人丢了性命又丢了人。革命党人彭家珍一颗炸弹炸死了良弼，结果朝廷上下风声鹤唳，满朝的满官，如鸟兽散，连个上朝的人都没有了。在事关满人命运的紧要关头，上上下下的满人官僚们，居然连一点儿像样的挽回努力都不愿意做。当瑞澂弃职逃跑的消息传到北京，内阁总理大臣奕劻力主将之拿办，隆裕太后不同意。奕劻说，这封疆重臣，弃城逃跑，在祖制是要杀头的！谁想隆裕却说，庚子那年，咱们不也是逃走的吗？这些满人亲贵，不仅没用，而且自己原谅自己，江山想不丢都难。

过去学近代史，对辛亥革命这段一直感到诧异。同一年内，春天，革命党人倾尽全力准备的广州起义，孙中山在外筹款，使尽了浑身解数，黄兴在内筹划指挥，也用尽浑身解数，全国各地革命党的精锐，齐聚羊城（号称八百先锋，实际来了五百），身为革命党第二号人物的黄兴亲冒矢石，带头冲锋，浴血奋战；结果呢，一败涂地，只留下了黄花岗七十二烈士的美名。秋天，一群群龙无首的士兵，一哄而起，居然拿下了天下通衢的武昌，然后全国响应，清朝统治如汤泼雪般地瓦解。这其中的道理何在？有人说，这是因为中部革命党人新军的工作做得扎实，所以才能一举成功。可是为什么做扎实工作的人自己都跑掉了，等到大事已毕才回来，结果群龙无首的士兵已经推举跟革命一点儿关系都没有的黎元洪做了大都督，真正的革命党只好屈尊于这个黎菩萨之下（黎元洪最初一言不发，人称黎菩萨），难道他们连自己都对自己的工作没有信心？明知道党人名册已经落入敌手，却连布置撤退的起码工作都没做，丢下自己的兄弟不管了，这工作无论如何都不能算“扎实”。还有人说，由于保路运动使得武汉新军被抽调了两个团（标）前去镇压，所以使得驻汉新军中的革命党人势力增加，因此得以一举成功。可是历史的事实是，恰是调走的两个团革命党人更多，也正是因为如此，带队的端方才丢了性命。

其实，辛亥革命的成功，一个重要原因是清政府自身的腐败造成的。本来，自1903年开始的新政，虽然行进艰难，但还是有成效的。尤其是清政府宣布预备立宪，让朝野温和的改革派（立宪派）和地方实力派（这两者有难解难分的关系）很是欢欣鼓舞，以为不仅可以稳步推进改革，而且可以正当地分享权力。然而，在这个过程中，1908年光绪和西太后相继死去，朝政中枢由一班满族少年亲贵所控制，这些少不更事的纨绔子，上台伊始就做了两件大事，正是这两件事断送了清朝的性命。这两件事，一是将散在汉人官僚手里的权力，收到满人手里，改变自同光中兴以来汉重满轻的权力格局；二是将地方的权力收归中央，改变外重内轻的政治格局。具体表现为将袁世凯赶出朝廷，成立满人皇族内阁，以及收回地方的路矿权（激起包括四川保路运动的收回四川铁路修建权的行为）。

驱逐袁世凯，以往的史学家往往沿袭晚清笔记的说法，以为纯属摄政王载沣为自己的哥哥光绪的复仇之举，其实未必。如果载沣真的有心为哥哥报仇，何不在西太后的安葬问题上做点文章？不至于鞭尸，但削减规模总是可以的。如果载沣这样做了，政治上肯定得分。光绪的最大政敌其实是那个老太婆，正是她让光绪过了十年人不人鬼不鬼的生活，不到四十岁就饮恨黄泉，居然死在七十多岁的西太后前面。袁世凯戊戌是否告密，是个没有档案确证的事情，何以见得光绪就真的恨死了袁世凯（野史上的话，怎见得句句是真理）？ 载沣拿袁世凯开刀，其实无非是看上了他手中的军政大权，必将之夺到满人自己手里而已。原来都认为是袁世凯死党的庆亲王奕沂，之所以没有从中特别地作梗，而且后来得以贵为皇族内阁总理大臣，显然也有满人遵行满人政治的逻辑。无疑，这是这些满人少年亲贵们所犯的最大错误之一。当时中外公论，张之洞和袁世凯并为晚清中国最重要的政治人物，张之洞行将就木，而袁世凯年富力强，批评他不学也罢，好玩权术也罢，但毕竟人家还有术，而且也有人望。驱逐袁世凯，而且找不出任何像样的理由，硬说人家有“足疾”，强令回家“养疴”，不仅难以服人，寒了一大批汉人官僚的心（虽然袁的政敌感到快意，但其中也不乏狐悲兔死之感），而且导致中枢失去了重心。年轻的时候读《三国演义》，读到袁绍兄弟组织讨董卓联盟，由于袁家兄弟处事不公，先是孙坚走了，金圣叹批道：走了一个有用的人。接着曹操也走了，金圣叹又批道：又走了一个有用的人。晚清此时的局面大体类似，袁世凯走了，张之洞不久也死了，一干满人亲贵完全掌控了中枢，权力是收回了，但局面却不可收拾了。

至于皇族内阁，则伤了更多的人，立宪派的一腔热血，被劈头浇了整整一大桶凉水，凉到底了，不仅是粉碎，而且是羞辱了他们立宪的期盼。至于收回路矿权，更是将连立宪理想都没有的地方实力派一并伤掉了。在晚清这种动荡的局面下，这样的政策大手笔，只有满人亲贵得到了利益，而其他所有的集团和阶层，统统亏本。满人集团想不众叛亲离，亦不可得矣。辛亥年革命党广州起义的时候，一来皇族内阁还没有成立，收回权力的政策也没有特别明确的施行，二来广州当家的还是汉人的能吏张鸣岐和李准，所以撑住了。而到了十月，一来政策效果开始彰显，二来又赶上瑞澂这个草包，闻警即逃，结果土崩瓦解。

清朝是满人少数民族统治的朝代，其统治集团的代表面相当窄。其统治的稳定，主要凭借军事实力和由征服行为所带来的政治威势，在这种实力和威势还比较强的时候，满人（包括入旗的蒙人和汉人）在政治权力方面是处于垄断地位的。可是随着统治集团自身的腐化，军事实力和政治威势的消减，满人统治集团势必要作出让步，逐步扩大汉人参政的面。待到统治出现危机，不得不依靠汉人绅士集团挽救危局的时候，整个政局的满汉格局颠倒，则是大势所趋，即使西太后、恭亲王奕䜣这样政治经验丰富、权谋老到的满洲强人，都无法扭转（事实上，纵使康熙乾隆再生，恐怕也得承认现实），何况载沣、载涛、良弼、荫昌和载振之辈的纨绔子！这些人中，只有良弼一个好歹还算是从日本士官学校毕了业，虽然被满人捧上了天，一天仗没有打过，就算有本事，也需要个成长的过程。其他的人，即使朝廷花大钱送出了国，也不过在国外做了一回两回早期的留学垃圾（载涛、荫昌均留学德国），连个起码的学位都拿不到。

辛亥革命中满人官僚的表现，不过是满人统治集团腐化堕落的集中爆发而已，这个腐化过程，已经绵延了百年。当年骁勇的八旗战士，早就堕落成了除了花钱和玩儿，其他百无一能的北京大爷。只是在同（治）光（绪）时代，朝中还有几个明白人，最后几年搞改革（新政），预备立宪，合法性尚未彻底消失。西太后死后，如果继承者能够老老实实按着既定方针走下去，不妄想强化一己集团的权力，既开罪不了袁世凯集团，也不至于得罪立宪派和地方实力派，而且通过他们的效力和彼此间的制衡，随着政治的逐渐改良，满人集团断不至于有如此下场，这么快地就丢掉了政权。革命中，在南方的一些地区，满人还遭到了清算甚至屠杀。武昌起义后，占领武汉三镇的革命军，曾经大肆搜捕满人，据说曾设置路卡，碰到可疑的行人，就要他说“六十六”，只要有京腔就拖下去杀掉。当然，这种事情，我但愿它仅仅是传闻而已。

最后，特别需要指出的是，当年孙天生这样的流氓无产者，还属于盗亦有道之辈，抢钱夺权，大有古风，虽然趁乱发财，大抖威风，但并不伤及无辜。然而，随着时代的流变，当年大盗小盗的道行，早已经沿着另外的方向进化到了不可思议的地步。如果历史再给他们这样的时机，能出什么样的事情，纵然诸葛再生，恐怕也难以逆料了。

“丑”字小皇帝

晚清的官场多事，最富戏剧性的事要数杨翠喜案。杨翠喜本是天津的名伶，色艺俱佳，很受津门闲人的喜爱，可是突然有一天，美人从艺坛消失了；不久，地球人都知道了，原来佳人已属沙陀利，被当时权势最大的庆亲王奕劻之子，官拜农工商部尚书的贝子载振，藏之金屋。

当然，美人杨翠喜不是自己花落贝子府的。那是日俄战争之后，载振奉命到东三省视察，路过天津，北洋大臣袁世凯设宴招待，席间杨翠喜献艺，载振一见之下，不觉忘情，手为之舞，足为之蹈。后来的事情就很简单了，杨翠喜进了贝子的卧室，她成了某人送给贝子的礼物，随同大活人进献的据说还有十万雪花银。送礼的，就是出自袁世凯门下，现任道台的段芝贵。不久，段芝贵一跃，由一个“地级干部”变成了署理黑龙江巡抚，跻身方面大员的行列，这样的破格提拔，据说在清朝还没有先例。

此时，晚清的吏治，早已坏得一塌糊涂，即使如圣眷优隆的岑春煊，要想整顿，也只能铩羽而归，所以庆亲王父子才敢如此大胆妄为，让买官者破格得售。不过，吏治虽坏，朝廷反腐败的旗帜却并不倒，只是在反腐的背后，总是有权力斗争的影子。庆亲王奕劻虽然势大权重，但他也有政敌，政敌就是朝中的军机大臣瞿鸿机和地方大员岑春煊。在李鸿章之后的政坛上，瞿、岑的联盟虽然在和奕劻与袁世凯联盟的斗争中，总是处于下风，但却并没有被彻底打垮，时不时，总要出来弄点儿事，恶心一下对手。

地球人都知道的杨翠喜事件，给了瞿、岑一个看起来绝佳的机会，于是，瞿鸿机的门生，现任御史的赵启霖，跳出来奏了一本，把事给抖落了出来。事既然给捅出来了，彻查的官样文章是必须做的，一个以醇亲王载沣和孙家鼐为首的“调查组”组成了，在调查组还没有动身之前，袁世凯命令手下干员杨以德，马上将杨翠喜从贝子府转移，让盐商出身的商务局总办王竹林顶杠，充作杨翠喜的丈夫，并亲口教好了两人如何答对。总之，待到调查组进入现场，一个移花接木的调包计，已经把张冠扣在李姓的脑袋上了。

醇王爷和孙家鼐也不是糊涂人，他们带人来了以后，大家你知我知，天知地知，睁着眼睛装糊涂，孙家鼐问了问王竹林和杨翠喜，录了原本是杨以德操办的口供，然后就回京复命。一场大案，烟消云散，御史赵启霖丢了官，载振贝子也自请辞职，国家又回到了安定团结的大好局面。显然，瞿鸿机和岑春煊不出面，谁肯卖力查呢？也许，他们看出来了，西太后根本也没有下决心，奕劻和他的宝贝儿子还都在位置上，袁世凯更是大权在握，事件根本没有波及他。按袁世凯的说法，案件大事化了，是因为奕劻平时人缘好，为人厚道，所以，大家帮忙。

清朝自所谓的同光中兴以来，官场有种相当怪的现象，凡是有用、能干的官员，大抵声誉不佳。曾国藩之后，这种现象愈演愈烈，到了袁世凯的时代，朝中最有用的能臣袁世凯，居然跟最为贪黩的奕劻结成最牢固的联盟，靠收买奕劻实现他的政治抱负。这个奕劻，被英国泰晤士报著名的记者莫里循称为中国声名最恶劣的人物。杨翠喜案，段芝贵买官，袁世凯参与与否，于史无征，不好说，但从后来的弥合调包来看，他未必就不知情，况且，段芝贵得官，也合乎他一贯的扩张势力的初衷。客观地说，袁世凯在晚清的变局之中，对改革事业没少做贡献，清末新政的每项事业，几乎都有他的份额，从行政、警政改革，到预备立宪。在推行改革的同时，他个人的势力也迅速膨胀，形成了唯他马首是从的庞大的北洋系，这一切，都离不开庆亲王奕劻的大力配合。而奕劻作为皇室宗亲，居然全不顾自家祖宗的江山社稷，甚至在辛亥年，袁世凯逼清帝退位，他也配合，那副嘴脸，连当时还是个孩子的溥仪，多少年后都记忆犹新。等到奕劻死的时候，家属求谥号，这个关起门来做的小皇帝，居然要赐个“丑”字给他。

都说，树倒猢狲散，其实树还没倒，猢狲就已经散了，身没散，心散了，即便根正苗红的自家人，也未必靠得住，大家早就利用眼前的权势，铺好了退路。

国中之国——租界

1903年的《苏报》案，无论在当时，还是在后来历史学家的视野里，都算是很大的政治事件。几个特别善于舞文弄墨，也特别能战斗的革命党人，接办了租界里一张影响并不大的小报，公开抨击政府，指名道姓地骂街，说光绪皇帝“载湉小丑，未辨菽麦”（章太炎），要与“爱新觉罗氏相驰骋于枪林弹雨之中”（邹容）。骂得刚回銮不久的西太后无论如何也坐不住椅子，指示当时的两江总督魏光焘，无论如何都要将这一干乱党捉拿归案。

可是《苏报》办在租界里，一干“乱党”，章士钊、蔡元培、吴稚晖、章太炎、邹容等，也在租界和华界之间出没，稍有风吹草动，就溜到租界去，让清朝的官员望界兴叹。还好，由于西太后雌威尚在，施加的压力足够的大，而且章太炎们骂得也忒出格，加上此时的西方列强，对已经服帖而且表示要改革的清政府也多少要给点儿面子，所以列强的领事们同意查办这些革命党，只是只能在租界内审办。清朝官场徇私玩忽的积习，在这个时候，起了非常正面的作用。办案的江苏候补道俞明震，跟这些党人有着千丝万缕的联系，兵马未动，风却早就放出去了，明白地暗示这些人赶紧开溜（此公后来做了矿务学堂的总办，给学生出国文题，有“项羽拿破仑论”这样的好题目。这个学堂最有名的学生叫周树人，即后来的鲁迅）。章士钊、蔡元培、吴稚晖，加上报纸的老板陈范，很识趣地走开了，只有骂了皇帝的章太炎不肯走，几乎是自投罗网似的被捉了进去。讲义气的邹容不忍心让老大哥独自坐监，也投案自首。在名为中外合议、实际上是洋人当家的会审公廨上，章太炎发挥自己文字学的学问，硬是考证出“小丑”的古义本是小孩子，因此他没有骂人。邹容则辩解说，他那号召推翻清政府的《革命军》，根本就是别人的盗版，他写是写了，但没有发表。尽管两位经过高人指点，通晓西方法律的革命党，在法庭上辩得让人直晕，但是原本就打算给清政府面子的法官，还是判他们二人有罪，分别服刑两年和三年（不引渡，在租界服刑）。

《苏报》原是一介普通的小报，在风气渐开的19世纪末，上海这个华洋杂处的地方，集聚了太多的有闲和有闲钱的人，学洋人办报，是这些闲人和闲钱的一种出路。《苏报》的创办人胡璋，不过是为了拿这个报纸生钱，跟办工厂、开钱庄差不多，只是胡某人办得不好，赔累不起。转给陈范之后，虽说陈有政治倾向，同情变法，但也跟银子没仇（不挣钱的报纸办不下去），所以，也得谋经营之道。谈政治虽然危险，但在那个年月，却是时髦，有市场。据阿英研究，在19和20世纪之交，中国的通商口岸，讲政治是最受欢迎的，连小说不讲政治都没有人读。只是《苏报》最初谈政治，完全是康党（康有为）的口吻，可是随着朝廷政治颠三倒四地开倒车，戊戌政变，直至闹到庚子之变，杀教士和教民，打使馆（外国舆论以为我们在搞恐怖主义），闹完之后，又迟迟不肯认错，《苏报》也逐渐地走向激进，倾向革命了。当然，这里也有市场的原因，因为在这个时候，越是激进的言论，才越是引人注意。其实，《苏报》案的一干主角们，跟孙中山不一样，他们当初都是康党，或者倾向维新的，章太炎就参与过《时务报》的事务。由改良转为革命，也都是由于对清政府的失望。

《苏报》上梁山，有清政府的催逼，也有市场的拉动，当然，一个很关键的催化剂是存在租界这种国中之国。《苏报》案的“重罪”（按大清律是要凌迟处死的）轻判，对于后来的舆论界的形成，起了很正面的作用，游荡于租界内外的知识分子实际上受到了鼓舞。从那以后，舆论界一发不可收拾，形成了对清政府改革（新政）的巨大压力，起了改革的推进和校正器的作用，主持改革的政府，稍有不慎就会被骂得狗血淋头。

西学无术的考生

在清朝历史上，举行过三次特科考试，前两次是所谓的"博学鸿词"，发生在康乾时代，说是收揽不善八股的博学之士，其实无非是对汉人士子、尤其是对那些对清朝满人统治还不太服帖的士子，来点儿收买和诱惑，在选官制度本身，实际上是种点缀。最后一次，是"经济特科"，是清末改革时期的产物，本义是要选拔一些懂点西学或者治国强兵非常之术的人才，来救急的，其本身也蕴含着选官制度的进一步变革。可是，做点缀的，搞得热热闹闹，所取之士一时也洋洋大观；而救急的，却虎头蛇尾，草草收场。

开经济特科的主意，是百日维新前夕的1897年，由时任贵州学政的严修提出来的。严修是当时的改革派人士，骨子里跟康梁没什么区别，只是对教育救国更加热衷，由于对变法的政治操作卷入不深，政变后赋闲，没有受到惩罚，后来成为南开的创办者。这里，"经济"的概念，还是传统意义上的某一种"经国济世"的意思，非后来从日本转口的"经济"（economic），但已经开始有点儿接近了。可是，经济特科的提议，由于维新变法命太短，还没有来得及实行，就胎死腹中，一直等到闹出了庚子国变，逃到西安吃羊肉泡馍的西太后终于想明白了，原来洋人并不在乎中国的统治者是谁，为雄是雌，反过来打算再搞新政时，才重新提上日程的。

经济特科非一般的常科考试（一般所谓的会试），应试者需有中央和地方大员的保荐，条件相当苛刻，一般都要有点儿擅长西学的名声，至少，得像杨守敬那样，精通地理之类的“实学”（杨也在保荐名单之内），按当时人们的认识，只有这样的人才能称得上经济之才。由于大乱之后，朝廷有心改革，而且经济特科，实际上是改革的第一步，所以，朝野上下，虽说戊戌变法被镇压、庚子之变受打击的改革势力余痛未消，义和团时代，懂西学的人被当二毛子追杀的余悸尚在，但还是有人对此表示了相当的热情，几十上百的曾经留过学，或者喜欢格致之术的人士被“挖掘”了出来，自1902年11月朝廷下诏要求重开特科以来，陆续有370余人被保荐出来，准备应试。

然而，考试前夕发生的两个案件，却给考试蒙上了阴影。一个是“苏报案”，一个是沈荩案，两个案件都牵扯到革命党人，牵扯到革命党人颠覆清朝政府的宣传鼓动。而革命党人，在朝中的某些人看来，往往跟西方和西学有种模模糊糊又难解难分的关系。沈荩给杖毙了，但章太炎和邹容，却在租界的庇护下还活着，引渡“苏报案”的涉案人员，未能如愿；杖毙沈荩，居然还引起了西方的阵阵饶舌，这一切，都令西太后不舒服，让朝中大臣义愤填膺。在刚刚过去的岁月里，朝廷进入了倒退的轨道，不仅力主学习西方的改革者成了颠覆国家的罪犯，就是那些稍微懂点洋务的大臣，只要在义和团兴起的时候还待在北京，也有性命之忧。戊戌之后的开倒车，开得国家大乱，两宫西奔，事过之后，虽然西太后的脑筋有点儿转过弯儿来了，但朝中大批头脑冬烘的人并没有那么轻易地放弃成见。对他们而言，对洋人妥协是一回事，但对本国人，还是要严防西方思想的渗透。在他们眼里，凡是通西学的人，大多思想不稳，有不轨的嫌疑，而预备参加经济特科考试的人们，恰是这些人的大集中。于是乎，一时间，京城上下，谣言四起，说这些应试者里，有大量的革命党。有些人本来就心有余悸，在这种情况下，干脆就不来应试了。

当时的清朝政府，改革派非死即逃，剩下的也基本上遁入上海租界或者在乡野里做严子陵，热心变革的只是一些通晓时事的务实派，像张之洞、袁世凯这样的人。顽固派虽然受到惩办祸首的打击，但毕竟人数众多，实力尚存，尤其是像瞿鸿机这样的以当日清流自居之辈，虽然自身还算清廉，但头脑冬烘，嫉“西”如仇。承办“苏报案”的两江总督魏光焘，则是一个既贪财好货，又顽固保守的政府大员的代表性人物。正是此人，借办理“苏报案”之机，把很多各地保奏的应试者，都指为革命党。至于作为统治集团的满人亲贵和官僚，更是昏聩自闭，像端方这样比较开明的公子哥，已属凤毛麟角，连贪财好货但比较务实的庆亲王奕劻，居然也算是难得的有用之人了。辛丑议和前，几乎所有的在京旗人都骂李鸿章是汉奸，等到听说李鸿章要来议和了，又都欢欣鼓舞，议和完了，大家再骂他是汉奸，但心里都踏实了，大家还像过去那样过日子。

说起来，西太后实际上为政并不保守，更谈不上顽固，不然同光新政（我们说的洋务运动）怎么搞起来的？甲午战败，据她自己讲，经常和光绪两个抱头痛哭，她心里知道大清国非变法不能存活，只是由于对权位的恋栈，在满人保守派权贵的“忽悠”下，发动政变，结束了百日维新，此时再提变法，心中未免尴尬，但又不能不提。只是既要旧事重提，再作冯妇，又不能改正当年之失，在提防着光绪的同时，把康、梁等人，决然地挡在国门之外，事实上也恨死了这些成天嚷着让光绪亲政的保皇党。然而，过去的倒行逆施，不仅使她添了保皇党这个敌人，而且孙中山的革命党也乘机成了气候，一些原来的康党，也一改改良之道，趋于激进。一个孙中山尚未摆平，蔡元培、章太炎、黄兴、邹容、陶成章、章士钊等一群来自四面八方的知识分子都祭起了反满革命的大旗，不由得不让老太婆焦心。依这个颇为倔强的老太婆的脾气，就是改革，也要坚持自己的原则，一不能招安革命党，二不能起用保皇党。这样，当然使得本来西学资源就十分缺乏的中国，改革陷于人才困局之中，开经济特科，从某种意义上讲，就是力求解困。可是，事态的发展，偏与愿违。

从来的顽固派都是这样，干事不行，捣乱有术。他们看准了西太后对保皇党和革命党两头害怕的心病，就是从这两点集中下蛆，非说应试者不是康党就是乱党，闹得风声鹤唳，把个开初颇有声势的经济特科考试，搅得奄奄一息。特科考试分初试、复试两场进行，1903 年 7 月 9 日初试的时候，由于谣言四起，流短蜚长，不免人心惶惶，原来得到保奏的 370 多人中，来考试的只剩下了 190 多个，有将近一半的人不来应试了。幸好，由于初试由张之洞领衔主持，张毕竟是个务实派的健将、明白人，有他当家，考试还算正常。试题为一论、一策，论题为“大戴礼保保其身体、傅傅之德义、师导之教训与近世各国学校体育、德育、智育同义论”（断句为笔者加，大戴礼是大戴礼记的意思，即汉代戴德所编辑整理的礼记），策论题为“汉武帝造白金为币、分为三品、当钱多少各有定值、其后白金渐贱、制亦屡更、竟未通行、宜用何术整齐之策”，虽然有西学中源的滥调，多少还有点儿西方的影响。考试过程的选拔也还公允，懂西学而且有见识的人，真的被选拔出来了。可是初试发榜之日，风波再起，原因是中试的头两名，分别是梁士诒和杨度。这两人在后来的历史中声名赫赫，可是在当时却没多少人了解他们的底细，市面上哄传这两人跟保皇党和革命党有关系，或者干脆就是康党和乱党。当然，杨度也许不算冤枉，他的确跟革命党和保皇党都有那么点儿瓜葛，但他个人却两边的任何组织都没有参加，事实上也算不得党人。而梁士诒，则比窦娥还冤，他被人找上门，竟然仅仅由于他的名字和籍贯。首先，他是广东人，跟康、梁是同乡，这在顽固派大臣眼里，已经有了一分嫌疑了，加上他的名字梁士诒，姓跟梁启超同，名的尾，跟康有为的字“祖诒”同，据说瞿鸿机直接向西太后汇报，居然把他说成是梁启超的弟弟，而且名字“梁头康尾，其人可知”。

中国的事就是这样，不管事情多么荒唐，只要最高领导人起了疑，假的也变真的了，荒唐难免演变成荒谬，不由得人不害怕。所以，最后复试的时候，更多的人不见了，杨度和梁士诒自然无法继续考下去，据说杨还逃到了日本。而且主考也由原来的八人，变成了四人，张之洞的领导权也被剥夺了，昏庸的满人亲贵荣庆当了头儿。考题也变了，同样是论、策两题，题目中不见了西方的踪影，论题为“周礼农工商诸政各有专官论”，从原来的打着礼记的名义讨论西方学校制度，变成了歌颂自己的制度（周礼）的完备。策论题为“桓宽言外国之物内流而利不外泄、则国用给、今欲异物内流而利不外泄、其道何由策”（桓宽，即著《铁盐论》的那位仁兄），也带上了明显的保守色彩（说外国货物输入是异物）。考试最终只取了 27 人，而且，取了之后，并不给什么好的出路，其中不是进士的，也没有像康乾时的博学鸿词科中试者那样，赏给进士出身，仅仅发到地方以知县候补。在晚清捐班泛滥的情景下，一介区区候补知县，跟贩夫走卒没有多少区别，害得考第二名的张一麐，不得不跑到袁世凯幕中做幕僚讨生活，一丁点儿“榜眼”的神气也没有。就这样，在外界看来属于清朝新政序幕的第一炮，无声无息地哑掉了。

其实，就当时而言，跟 19 世纪 60 年代洋务派跟倭仁等人就开办同文馆的争论不同，此时顽固派的搅浑水，对他们中的很多人来说，已经不是主义之争，而是权位之争，利益之争。他们之所以嫉恨经济特科，其实只是为了把自己的位置多保一会儿，虽然未必担心新人上来让他们没了饭碗，但唯恐务实派上台，导致他们的失势。他们中的某些以清流自居者，也担心务实派的大胆和贪黩，不仅使官场腐败无可遏制，而且导致社会道德滑向深渊（这种忧虑当然不无道理）。从更深一层的意思上面说，很多人是从经济特科这个小老鼠，看到了后面科举改革的大木锨，为了阻止这个大木锨露头出来，所以要从一开始就将之妖魔化到乱党和康党的堆里，吓退对改革已经食指大动的西太后。尽管甲午战争已经教训了国人，尽管戊戌之后的倒退已经把国家推到了崩盘的边缘，尽管多数士人其实内心深处也知道中国非改弦更张不可，但整个知识界的现状，人们对接受新知的恐惧以及对自身接受新知能力的怀疑，导致了更多的人还是幻想着把原来的科举多保留一天是一天，哪怕变革仅限于考试的内容。最好是能将变革推到后代身上，免得自己陷入旧知无以用，新知又无以生的尴尬境地。毕竟,处在那个转型的时代,刚刚过去的维新变法，被血腥镇压，士林的正气，受到严重打压之后尚未复原（事实上，不给戊戌平反不可能真正复原），多数人的因循心态，也是可以理解的。这种心态，恰是顽固派得以嚣张的基础，在转型时期，不见得改革者都有群众拥护。

然而，历史从来不会按照因循的人们所渴望的步调行进。朝廷中有最后决定权的西太后，虽然戊戌政变的时候出于私心，一时糊涂，铸成大错，但她从来就不是什么顽固派，更不是顽固派首领，从某种意义上讲,她倒是跟务实派心有戚戚焉。顽固派的阻吓战术固然可以得逞于一时，但不可能真正蒙得了这个强人老太婆。深谙官场内幕和人情世故的西太后，很快就明白了围绕经济特科刮起的政治旋风背后的奥秘，在现实和洋人的压力下，屁股逐渐坐在了务实派一边，清廷的新政，还是按计划拉开了大幕。只是，由于经济特科的事件，原本很稀缺的西学人才，本可以通过经济特科考试集中在中央政府，为即将到来的改革做准备，现在则不是被推到了政府的对立面，就是落到了地方实力派的囊中，进一步强化了朝廷内轻外重的政治格局。同时，事件激化了顽固和务实两派的政争烈度，导致科举改革，也就是选官制度和教育制度的改革，朝着更加激进的方向进行，掌握主动权的务实派，要一下子端掉顽固派的基础，所以，废科举（推倒重来），而不是废八股（内容改良，这恰是戊戌变法的做法），成为变革的主调。原来设计的从开经济特科，再到把特科变成常科的改革思路，从此胎死腹中。显然，从后面的结果来看，废科举这种突变式的变革所引发的社会震荡，以及由此产生的不良后果，大大超出了改革者的预期。

以清末历史观之，中国的变革，是不可避免的，因为从鸦片战争以来，中国已经被拉入了以西方规则建构起来的世界体系之中。不过，是自己变，从自己的传统秩序走向人家的秩序，还是引发内乱，走向混沌，却不见得有一定的规律。历史从来不见得按进化的步伐行进，明天未必会比今天好，但是有一点儿是肯定的，就是在转折的关头，为政者保守的政策、开倒车之举，往往是激进改革甚至内乱的根苗。如果主政者能少一些神经过敏，多一些大度宽容，则事情多少要好办一点儿。

国民性的呐喊与彷徨

艺人的“贱”和立场

过去的中国，唱戏的艺人，属于下九流，虽然红的时候有达官贵人来捧，而且收入不菲，但身份地位依然逃不出下贱二字。《红楼梦》里的红戏子琪官，粗鄙的薛蟠和温柔的宝玉，都喜欢得不得了，但究根问底，却脱不出玩赏的潜意识。清末时节，西太后老佛爷带头提倡京戏，市面上的好角儿，都先后进宫供奉，一被品题，身价百倍。最高领导带了头，王公大臣自不落后，一时间军政民商各界，一齐来凑趣，戏园子爆满，堂会连连。前三鼎甲、后三鼎甲，谭叫天、小叫天、盖叫天，南可以唱到上海、武汉、长沙，北可以出国，唱到平壤、汉城。八国联军占了北京，商家为了跟洋鬼子联络感情，花大钱请名角，请联军司令瓦德西赏光看戏，咚咚的锣鼓害得老瓦头痛欲裂。

尽管如此，艺人的“贱”并没有为此稍减。大家心目中，还是有个“玩”的意思在里面。清末“逛相公堂子”，跟逛胡同是差不多的意思。可是，人们对艺人的道德要求，却并不低，解放后，艺人的立场问题，在思想改造时，曾经很让他们自己头痛。

艺人地位轻贱，但是如果让他们选择立场的话，却往往站在统治者的一边。太平天国农民起义，艺人们最爱演的戏是《铁公鸡》，歌颂清军将领张国梁。京剧名角之一的孙菊仙，还从军参战，混到了三品顶戴。那时候，底层闹的乱子特多，但艺人，包括民间草台班子的艺人，很少有站在闹事者一边的。只有闹义和团时，有编了“时事戏”《火烧望海楼》之类唱赞歌的，但那时义和团是得到老佛爷嘉许的。个中的道理很简单，尽管农民造反给下层百姓出气，但在造反的过程中，却会危及唱戏人的市场和票房，就算有山大王请来（或者绑来）唱戏，但给不给钱是说不定的，有时候甚至连吃饭的行头（戏装和家什）都会赔进去。跟太平天国同时，山东的造反者，称王称帝的时候，就经常抢戏衣打扮自己。有秩序，有稳定，才会有戏唱。艺人虽不识字，却无师自通地明白这个道理。

当事情牵扯到外国人，尤其是中国跟外国打仗的时候，艺人们也有立场，那就是选择站在中国人一边。虽然不见得去前线演戏劳军，但在后方,唱几出某某征东或者征西的戏文鼓舞士气的事,每场战事都免不了。可是艺人唱是唱了，仗却总是打不赢，于是艺人就有了牢骚，埋怨朝里出了奸臣。戏文里，这种事情很常见，中国人跟狄夷打仗，前方将士卖命，后方总有奸臣作怪，里勾外联。不仅艺人这样想，喜欢看戏的国人，包括士大夫也这样想。所以，鸦片战争打不赢，是由于有穆彰阿、琦善，后来则有李鸿章包圆，充当现代的潘仁美。中日甲午战争，中方的主事者是李鸿章，战事不利，李中堂被褫夺了黄马褂。战败后，作为羞辱中国人的一招，日本非逼李鸿章去马关签条约，这当然更坐实了李的汉奸罪名。据说京城一次演《白蛇传》,到水漫金山一节,当时著名的苏丑（京剧丑角分讲苏白的苏丑和讲京白的京丑）刘赶三，临时抓哏，对穿黄衣的龟将喊道：快上，再缩头缩脑，扒了你的黄马褂！观众哄堂大笑，都知道他在讽刺谁。

立场归立场，如果洋人真的打进来了，而且占了中国地方不走，艺人还得吃饭，该唱戏还得唱戏，比如刚才提到的给瓦德西唱，也得唱。抗战期间，像梅兰芳那样蓄须明志，不再唱戏的艺人，毕竟是少数。多数人没有什么积蓄，还要吃饭，尤其是那些家累重的，比如像马连良，不仅要养活一大家子，而且一个戏班都指望他，所以，连日本人逼他到“满洲国”给溥仪唱戏，他都不能不去。这在解放后，成为他最大的心病。

艺人靠身上的“活”（我们叫艺术）吃饭，本质上跟手艺人靠手艺吃饭没什么两样。但艺人活在人们的聚光之下，众目所瞩，形象未免有所变异。一厢里，传统亵玩心态作怪，大家轻贱之，一厢里，又往往对他们的要求过高，阶级大义、民族大义都让人家坚守，稍有差池，则众口一词，骂个没完。

下水道里的肮脏事

明清以来的中国城市，是没有下水道系统的，各家自备马桶，方便完了，早上倒掉。倒到哪里呢？有倒到污水沟里的，也有倒到河里的，在南方城市，更多的是农民进城来收，挑回去肥田，有时还要付一点儿费。由于粪可以卖钱，于是公共场所，也有人建公厕，方便免费，但掏粪收费。那时农民没有化肥，庄稼一枝花，全靠粪当家，向来视粪为宝，所以凡是物产阜丰之地，公厕都收拾得干干净净，一点儿积存也没有。据说欧洲在17世纪之前，城市也没有下水道系统，在巴黎街上行走，说是千万不能靠近临街的窗子，弄不好粪水就会从天而降，淋你个臭不可闻，泼粪的人顶多探出头来，道声对不起。比较起来，中国的粪便处理方式，要优越多了。

这种城市状况，一直到中国政府跟西方接轨，变成共和了许久，依然如此。大概只有租界和少数高等华人的所在，才有现代西式的厕所和下水道。当然，时代在前进，人也未必没有变化，在某些城市，粪业出现了，看到人员来往频繁，建公厕有利可图，有人开始以此为业，沿街大建（或者改造）公厕，竞争客源。比如广州，民国前期国民党总是在此搞事，跟北京政府对着干，来往军民人等极多，所以公厕业格外发达，三步一厕，五步一所，甚至派有专人看守，兼职拉客。有的城市，则由地方有力人士，组织劳工包揽掏粪事务，然后统一卖给农民，如天津和北京。不过，古代的官府，从来没有动过在粪上生利的主意，即使像清末辛丑以后，巨额赔款和举办新政的双重压力，地方官官声又大坏，但同样没有人动过开征粪税或者粪捐的念头。然而，进入民国就不一样了，主事的军阀生财有道，主意打到了粪业的头上，据说是由四川的杨森首开记录。杨森曾经短时期占据过成都，做过四川督军，在主政成都期间，杨森手笔很大，不仅修马路，而且要移风易俗，让人在街头巷尾到处刷“杨森语录”，比如，“杨森说，吸鸦片是东亚病夫！”“杨森说，不要随地大小便！”

但是大手笔的另一个方面多少有点儿阴暗，那就是拆民房，不给补偿，同时开征粪捐，派军警在城门口堵截进城挑粪的农民，按挑收钱。吃辣子的川人，嘴巴也辣，送给杨督军一副对子，曰：自古未闻粪有税，于今唯有屁无捐。

嘲骂是嘲骂，只要有好处可捞，任何的弊政都会很快流行开来，而且坚持下去。杨森督军没有做多久，就被其他军阀赶下了台。但是一个杨森倒下去，千万个杨森站起来，粪捐很快被发扬光大，推及全国，到了国民党当政的时候，粪捐还在收。不过，这个时候，由于行政现代化的步伐加快了，行政部门多了起来，对于粪捐的征收，出现了新的问题。卫生局说，粪便有关卫生，捐该我们收；社会局说，人入厕方便，是由于社会问题，所以该我们收；税务局急了，说，收税本来就是我们的事，凭什么你们来打岔横插一脚！相持不下的结果就是，一个厕所，卫生局收卫生捐，社会局收社会捐，税务局才收粪捐。同时，由于三家机构需要协调，于是就有了粪政。

在学习西方的道路上，我们的公共行政，在机构设置上，永远膨胀得最快，在公共政策上，在收费方面永远发育得最快。民国时有个名人，叫聂云台，写了一本小册子，名为《大粪主义》，说是要各级行政长官带头掏粪，如果怕不安全可以派卫兵保护。当然，打死这些长官，他们也不会去掏粪，只是他们的眼睛，其实并没有放过厕所。

讨好一人与讨好所有人

上有所好，下必甚焉，这是中国人的古训。都说楚王好细腰，后宫多饿死，其时，楚王治下的众多官员的家眷姬妾如何？书上没说，不过，按情形估计，应该也在拼命减肥，做饿死或者快要饿死状。当然，楚王这种行为，由于事牵好色，按古训是要遭到谴责的，自然不足为后世训。可是如果上之所好，好得很正面，具有符合中华民族传统美德的价值的时候，又怎么样呢？从史书上看，好像也有问题。

阎敬铭是晚清同光中兴重臣中，地位重要、作用非轻、却不显山不露水的一位。阎敬铭这位西北来的陕西佬，一生崇尚节俭，传说中有许多他如何抠门的故事。不过，由他执掌户部（类似今日之财政部），西太后老佛爷想要办个庆典，弄个热闹，花银子总要有点儿麻烦。他最大的功劳是阻止了重修圆明园，否则，以当时中国贫弱的现状，不知道要因此整死和饿死多少平民百姓。不过，崇尚节俭的阎敬铭，也有打眼的时候。据说此公主政山西时，一贯其节俭的风格，一上任就看上了山西的褡裢布。那时候跟现在不一样，山西是个出商人的地方，大个的商人做票号生意，掌管天下的银钱，小个的则什么都做，满世界乱窜，走到哪儿，身上都免不了有个大号的褡裢，什么都往里装。褡裢布都是特别织就的，结实耐用，价钱还不贵，缺点是比较厚和硬，不太适合做衣服。可阎敬铭不管这个，就是用褡裢布做袍子，走哪儿穿哪儿，看见下属有穿褡裢布衣服的，嘴上不说，眼睛里冒着喜欢。不久，山西的官员个个都置起了褡裢布的袍褂，外面来的官员新上任，见阎中堂之前，必然得添置一套褡裢布的行头，害得当地褡裢布价格直线蹿升，比绸缎还贵。时间一长，阎敬铭习惯了褡裢布的官场风景，如果有谁不穿褡裢布的袍褂，他反倒要不舒服了。可巧，有天还真的就碰上一位新上任的官员，穿着外面日常的官服。中堂大人不高兴了，谈话中，言里言外讥刺人家奢侈。这个官员急了，说：下官实在没有多余的钱了，添置不起褡裢布的袍褂，只好穿平时穿的衣服来见大人。到此，阎敬铭才明白自己提倡的节俭风尚，已经变成了一种新的奢侈。

地方首长所为尚且如此，如果皇帝也有同好，那么效果可想而知。在清朝诸帝中，嘉庆皇帝是个苦命人，等到他上台的时候，朝廷的钱差不多都让他那个过于张扬，也过于风光的爹爹花光了。看着空空如也的国库，他抠门抠得近乎变态，不仅自己什么钱都不敢花，甚至提倡穿补丁衣服，如果有官员真的穿了打补丁的衣服，不管官声如何，总是会令他满心欢喜。自然，效果是立竿见影的，一下子大小官员就统统简朴起来，裁缝铺里专门做补丁官服卖，比新衣服价钱还高。

上级的爱好，在某种条件下就是他们升迁的机会，不管这种爱好是正面的还是负面的。只要有爱好，就会有人揣摩，有人逢迎，有人投其所好，真的或者真假莫辨地装作自己也有同好。道理很简单，总的来说，讨好一两个人，总比讨好众多的百姓要来得容易得多。

与姓名有关的“文字狱”

人的一生，福祸吉凶，按道家的说法，完全没准儿，而且福祸相依，看起来是福，没准走到后来反倒是祸。按佛家的说法，是福是祸，全在人的作为，所谓：若问前生事，今生受者是，若问来生事，今生做者是。不过，人世间的事，真是难说，有时一个人的福祸，居然只跟他的姓名有关。

晚清同治年间，有个名叫王国均的人，会试及第，殿试也取在进呈御览的前十名中，大富贵近在咫尺。可是，当时主政的偏是西太后，西太后听到这个名字后，眉头顿皱，说：好难听呀！意思跟“亡国君”同音。太后发话了，阅卷大臣哪敢怠慢，于是，王国均被刷到了三甲，下到地方做七品芝麻官去了。幸亏从来会试取中的没有淘汰一说，否则，王国均名落孙山也是有可能的。没办法，当时内忧外患交加，大清皇帝做亡国之君，不是没有可能，作为朝廷的当家人，在风雨飘摇之中，有点儿神经过敏，倒也不奇怪。南宋偏安小朝廷快要完的时候，也是如此，不过人家图的是祥瑞，取了文天祥做状元。当然，有倒霉的，就有得意的。同样是那个老太婆，以及前后若干辈见风使舵的考官，在大清国就要油枯灯熄的时刻，连续两届的殿试状元，怎么看都像是看名取人，一个是王寿彭，一个是刘春霖。最可恶的要算是倒数第二届（光绪二十九年，癸卯科）的状元王寿彭，分明是主试者为老太婆的七十大寿，特意拍的马屁，意思是让老太婆寿比彭祖，活上八百年。这个王寿彭，后来做了那个最著名的狗肉将军张宗昌的老师，教这个连自己有多少个兵和姨太太都搞不清的流氓作诗，还连带着主持山东的读经并尊孔大计，当然，也顺手往自家捞大把的银元，属于荒唐有一大把，学问一点儿也无的文人。

中国民间，向来有“讨口彩”的习惯，尤其在“办事情”的时候，讲究就更多。姓名如果对景了，为主人增加点儿吉利色彩，当然大家皆大欢喜。不过，实在来宾中有名字不那么顺眼的，大体也就糊涂过去算了，打死也想不到找个吉祥名字的来凑趣，甚至不惜拿国家的抡才大典开玩笑。不过，板子也不能都打在老太婆身上，历史上做得比西太后还过分的人也有。老太婆讨吉利，也就是在已经取中的贡士中选择，危害虽然不小，猫腻玩得却不大，而有些人讨吉利，则是自己活活造出来的。比如多年卫戍北京的军阀王怀庆，在第二次直奉战争中，终于要出征了，他不仅学清朝的皇帝，从德胜门出发，而且举行了一个仪式：队伍排好，王怀庆骑在高头大马之上，一个名叫王得胜的军官跑过来，到王怀庆面前，立正敬礼，报告：“王得胜前来报到！”这个王得胜，就是王怀庆特意养在军中的，他能做军官，并供养优厚，仅仅是因为名字取得好。王怀庆的把戏，其实同样军汉出身的赵匡胤也做过，据说赵匡胤陈桥兵变，夺了柴家的江山之后，出征北汉，队伍开拔前夕，有叫宋捷者上书，赵皇帝未及阅书，看见名字就大喜，宋捷者，大宋告捷之谓也，于是提拔升官，厚加赏赐。以后世之事估计，十有八九，这个宋捷上书也是赵匡胤或者他的手下特意安排的。

王得胜和宋捷的命运，是由于名字而得济了，但改变他们命运的人，却不见得真的能因口彩而改变自己的命运。赵匡胤那仗胜了，但王怀庆的出征，却一败涂地，丢掉了自己的看家本钱，此后只好到天津租界做寓公了。

妓女们的民族情结

每到世纪末，这个地球上的人们就要热闹一下，快到2000年的时候，各国从政府到百姓都想出了很多热闹的招，而且真的很热闹。这让我不由得想起了更早的时候，1900年在历史上是一个让人特别难忘的年头，正是在这一年，八国联军打进了北京。对此，中国人当然很难忘记，不信在北京的街头问问老百姓，有谁不记得八国联军呢？连1860年英法联军烧的圆明园，老百姓也非要将它记在八国联军的账下，虽然事情已经过去了一百多年。其实，那个时候，西方的老百姓对当时发生在中国的事也挺关心，报纸上肯定天天报道我们怎么杀教士，怎么围攻使馆的消息。直到现在，中国历史上发生了那么多大事，能让外国人有点儿记忆的，还是义和团。

虽然自1840年以来，中国没少挨洋人的欺负，但像这次列强全体（11个国家）一并打上门来，还是第一次。让洋人团结起来的最直接的原因，是执掌国政的西太后听说中国出了神兵义和团，可以刀枪不入，所以大着胆子跟全体洋人宣了战，任由义和团杀在中国的洋人，杀中国的教民，攻打外国使馆。义和团是从来不沾女人的，据说是怕破了法术，但同时又非常仰仗女人，据说只有女人才拥有可以真正威胁洋人的威力，于是有了红灯照，有了黄莲圣母、金刀圣母等让男人顶礼膜拜的女性活神仙。跟戚本禹以及现在许多影视作家想象的不一样，红灯照其实从不上阵舞刀弄枪，她们是作为法术的象征存在的。

八国联军固然在枪炮方面占着许多优势，但于想象力上却远逊于义和团的大师兄二师兄们，他们居然根本就不知道女人对于战争还有这么大的威力，所以打仗的时候，根本就没让女人掺和。但是在战而胜之并占领北京之后，却像许多为他们所鄙夷的野蛮人一样，将子女玉帛收入夹袋（在攻占天津之后，甚至连黄莲圣母林黑儿也一并抓了去）。一向有军妓随军传统的德国军队，此次远征根本就没带上他们的女人，可能在他们看来，被占领的中国城乡到处都有可供他们的大兵发泄兽欲的对象，所以索性为他们的皇帝陛下节省一点儿军费。进入北京的各国联军在寻找女人方面，与寻找财富一样地具有天赋，甚至连他们号称要保护的中国教民，也遭到了性侵犯。这一点，连他们的最高指挥官瓦德西也不得不承认。

在度过了战争初期的混乱和动荡之后，联军的士兵从大索三日的亢奋中渐渐恢复过来，各国对北京实行分区占领，着手恢复秩序。北京最早恢复的商业活动，竟然是娼业，不仅著名的八大胡同的业务极度繁盛，就连一向偷偷摸摸地下活动的暗娼，生意也日渐看好。在上操和值勤加抢劫之余，联军的大兵满世界乱窜，寻花问柳。这时就用得着北京闲人了，连一句洋泾浜英语都不会的若辈，居然能够无师自通地为洋大人拉皮条，拉得好时，会从洋人和妓女的生意中分润了若干好处，拉得不好，吃几条“洋火腿”（挨洋人的踢）也是正常的事。当年在北京五城公所当差的王大点，由于原来的差事近乎于警察，干的就是弹压管理妓女的活计。联军进城，任职的衙门空了，闲来无事，正好利用自家熟悉妓家的专长，为洋人介绍生意，在他的日记里有这样的记载：“坐多时，平西方行，走鹞儿胡同口遇两个大头布洋人（即印度兵）找妓馆。我带同上四神庙路西土娼下处，二人同嫖一妓，各用一洋元与之，哄他多时，又给我花生食。后由牛血胡同回行万佛寺湾，又遇德国巡捕洋兵三人，意往娼处。我俱带同猪毛胡同路东妓馆，有二洋兵各嫖一妓，亦以一元与之。”一个晚上就做成了两桩买卖，可见生意之兴隆。

在和洋人做皮肉交易的妓女中，有位当时就小有名气，后来则声名大噪的人物，她就是清末民初以来几乎无人不晓的赛金花。赛金花本姓赵，赛金花是她的“艺名”，此人原是苏州娼家的一名“清倌人”（雏妓），艺名傅彩云。十六七岁上被同治朝的状元洪钧看中，纳为小妾，当洪被任命为清朝驻俄、德、奥、和（荷兰）四国公使时，由于洪夫人不乐于远行，于是状元公携她出国上任，驻节德国首都柏林。几年后，洪钧回国，未几病死，彩云遂离开洪家，在上海、北京等地重操旧业，先名曹梦兰，后名赛金花。由于“状元如夫人”头衔的助力，遂成为名噪一时的名妓，经常与公子王孙、达官贵人相往还，人称赛二爷。八国联军进京的时候，赛金花正好在北京，住在京城著名娼寮集中地的八大胡同之一的石头胡同，而石头胡同恰归德军管辖。

按说，依照中国人的习惯，对赛金花们的这种行为，该是将一盆盆的污水迎头泼上去，再骂上半晌才是，好像中国的失败与丢脸，大半是由于这些不知亡国恨的商女。可是不知是为了什么，脏水没有泼出来，好事的文人墨客反而以赛金花为中心，编出了一系列女人救国，确切地说是妓女救国的故事。

如果赛金花没有做过状元如夫人，如果她的纤足没有恰好踏过德国的土地，如果赛金花能像莫泊桑笔下的法国妓女羊脂球那样，发扬爱国主义精神坚决不接外国客人（当然必须同时也不存在像小说里那么一群无耻的说客），那么也许这种妓女救国的故事就不太好编，至少不会编得如此生动。但是历史老人就是这么好心肠，偏偏给中国文人留下了这么多可供展开想象力的空间，于是，八国联军的统帅德国人瓦德西被说成是赛金花在德国时的旧相好，那时年逾知天命的瓦德西也因此变成了翩翩的“日耳曼少年”，既然洪状元要带如夫人出入驻在国的上流社会，那么年少美貌的彩云勾上个把风流倜傥的德国军官似乎也在情理之中，至于偌大的德国怎么会那么巧就碰上了瓦德西，而且一碰上就发生了恋情，自有“巧合”二字从中弥缝，本是古来文人们一逞手段之处。旧情人在北京重逢，理所当然应该重续旧好，于是赛金花就做了瓦德西在北京临时的枕边人，一起住在中南海的仪鸾殿里，朝朝暮暮，卿卿我我。而其间仪鸾殿那场真实的失火事件，也自然有了赛金花的参与。年近七十的瓦德西在我们的文人笔下，居然能够挟着赤裸的赛金花从窗户一跃而出，普鲁士武士如此神勇，无怪乎后来大清国练新军要以他们为蓝本。

故事延伸下去，瓦赛交欢的黄色镜头不知怎么就转成了赛金花如何舍身为民请命的光辉事迹。说是赛金花不停地在瓦德西枕头边吹风，不仅制止了联军的大屠杀，而且保护了皇宫不受焚毁；甚至在议和的时候，在李鸿章都束手无策的时候，由赛金花出面成功劝说了克林德夫人（克林德系义和团运动时的德国驻北京公使，在运动中被杀）接受了立碑道歉的条件，从而免去了各国对西太后和光绪皇帝的追究。这类故事从八国联军还在北京的时候就开始编，一直编到赛金花人老珠黄，竟然还有人在津津乐道，不仅在一般的文人笔记里，而且出现在小说和戏剧中。故事在开始的时候还有个别不利于赛金花的情节，比如说她为瓦德西出主意让老瓦开科取士，老瓦还真的就在金台书院从四书里出题考了一次。只是这种情节的市场有限，大家爱听的是说赛金花好话的东西，爱听赛金花是怎样舍出身子救了北京人的故事。于是京城内外，从贩夫走卒到公子王孙，一传十，十传百，直把赛金花传成了舍身取义救国护民的“当代伟人”。在这期间，作为当事的主角赛金花则一直在知趣地顺水推舟，作为市场和风月场上的双料老手，她当然明白这种传闻对她生意的价值。自然，赛金花的买卖还真的为此火了不知多少。

当然，这个世界到什么时候都有不凑趣的人，在大家都在宣扬赛金花的救国事迹的时候，还真的有人出来煞风景。当时作为没有跑掉的同文馆的学生，后来因帮助梅兰芳走出国门而闻名的戏剧理论家齐如山就告诉人们，赛金花的确跟德国人混过，但只是些中下级军官。他亲眼所见，赛金花与一群德国下级军官在一起时，看见瓦德西过来，吓得连头都不敢抬。身为当时北京城如凤凰一般稀罕的懂外语而且敢跟洋人打交道，并因此与八国联军做了不少生意的人，齐如山的话自然不是空穴来风。其实用不着齐如山出头指证，稍微细心一点儿的人只要用脑子想一想，就会发现所有的瓦赛故事包括赛金花自己的叙述，都充斥着前后矛盾，只要做一点儿考证工夫，西洋镜就会不拆自穿。然而，从庚子以后的几十年里，想要了解真相的人并不多，不仅没有人愿意去考证事实，甚至连用脑袋想一想都不乐意，显然大家宁愿相信明摆着荒诞不经的瓦赛神话。直到 20 世纪 80 年代，一部描写戊戌维新的小说，依然沿袭了当年的赛金花救国传说。也许在今天，知道这段公案的人们中，还会有人相信赛金花真的与瓦德西有过那么一腿。

自然，高张道德主义的大旗，谴责赛金花们丧失民族气节似乎是没有多少道理的，至少在今天看来不那么理直气壮。我们不可能要求所有操皮肉生意的人都具有羊脂球的觉悟，就是羊脂球，最大的可能只不过是作家为了谴责法国的正人君子而制造出来的一个虚幻的形象。二战结束后，巴黎街头那一群群因与德国人睡觉而被剃成光头游街的妇女，似乎说明法国女人的道德意识并不比落后的中国同类强多少。男人丢了城池，却让女人去坚守民族主义的阵地，无论如何也是说不过去的。更何况，皮肉交易是妓女的生计所系，既然我们不可能要求在异族统治下的所有人一并殉国，或者一起上首阳山学伯夷叔齐，那么就没有理由谴责妓女与外国人做生意。但是，现在的问题是事情走到了另一个极端，预料中的谴责声不知不觉地变成了颂扬的赞歌，而且唱得响遏行云，未免让人感到有些肉麻。仔细想想，其实谴责也罢，颂扬也罢，喜欢编故事和传故事的男人的心态其实是一样的，不过是将本该自己负担的东西卸到女人肩头去，开始是指望女人用莫须有的法术抵御洋人，然后又指望女人用她们的身体来救国救民。

汉人的妓女，尤其是名妓们，仿佛一直都系着特殊的民族情结。明末清初的时候，有李香君和柳如是们身体力行着民族大义，到了清朝快完的时候，又轮到了赛金花。虽然名妓们前后的行为似乎有些异样，但男人们对她们的寄托却差不太多，总是幻想自己担不起来的事情可以由女人撑起来。只是男人们的期望值随着时代的前进愈发低落，在明末的时候还敢幻想着“自己”的女人通过抗争不被异族染指；在洋人刚刚打破大门的那会儿，跟洋人做生意的妓女还特别被人看不起，被讥为“咸水妹”;可是到了八国联军打上门来，跟洋人睡过的妓女，不仅身价百倍，而且被赋予了救国救民的光环。也许，到了连国人最后的杀手锏——义和团的“刀枪不入”都失灵的时候，男人们，尤其是某些号称知书达理的男人，于是只好指望女人的身体了。

吃西餐的上海人

19 世纪后半叶的上海，是中国变化最快的城市，这变化，多半来自西方人对中国经济地理看法的改变和太平天国在长江三角洲的闹腾。打了鸦片战争，占了香港，并且坚持要进广州城的英国人，后来发现真正能扼住中国脖子、获得最大利益的地方，其实是位于长江三角洲中心的小县城上海。他们发现并开始经营上海的时候，运气非常好的是正好赶上了太平军进军苏南和浙北。在上海的西方人虽然当时还不够多，但却成功地将太平军挡在了城外，使得遭受太平军扫荡的江南富户，有了一个遮风挡雨的地方。中国最富裕的地方的最富裕的一群人，涌入上海，托庇于西方人的门下，不仅使西方在上海本来没有根基的租界就此壮大起来，而且给了西方在上海的存在以坚实的物质基础。

从某种意义上讲，上海租界是当时中国的一种“特区”，中国的富人，当他们从逃难的惊魂中醒过来时，发现这块土地其实是块最适宜养生金蛋鸡的所在。于是，大规模的经营活动开始了，租界从此财源滚滚。从这个意义上说，西方人实际上是借助中国人和他们的资金，在上海建筑了自己的殖民事业。如果西方不是恰好在关键的时刻选择了关键的地方，这种便宜事，也许未必会有（中国其他地方的租界，没有一个能抵得上上海的）。

上海租界虽然让西方人获利最大（在很长一段时间里，尽管租界的中国人养活了租界，但他们连一丁点儿权力都没有），但它的存在，对于中国和中国人的意义，还是非常的巨大，这从一点儿小事上就可以看出来。在19世纪70年代以后，凡是到上海的人，有两件事是他们必做的，一是吃大菜，二是坐马车。大菜就是西餐，马车是西式的四轮马车。如果到了上海而没有尝试过这两样东西，就等于白去了，会被人笑话老土。当时上海西餐的一餐值费，比中餐的鱼翅席尚要贵上数倍，而且吃了之后，几乎人人都会叫苦，说是难以下咽，味同嚼蜡，但来上海的人，依然前赴后继，竞相把钱扔在西餐馆里。当时人们对此的说法是：中餐吃个味，西餐吃个派。

无论从形式到内容，西餐何“大”之有？又何“派”之有？即使饮食专家，恐怕也找不出来。事实上，这种“大”和“派”，背后是人们对西方的崇拜。19世纪60年代，是中国人折服于西方的年代，这种折服，也许在北方和内地，尽管洋人占了北京，烧了圆明园，还多少有点心气难平，但在以上海为中心的江浙一带，则表现得相当彻底。《点石斋画报》以吴友如为首的画匠们，比着租界的洋楼、洋人和洋玩意，把传闻中的西方介绍给中国人，一时洛阳纸贵。只要听说是来自西方的东西，不管是多么离奇，大家总是在啧啧称奇之余按捺不住艳羡。洋，不仅意味着大、新，而且意味着好。那时的上海，是中国人看西方的窗口，吃大菜、坐马车（后来还有一段时间可以坐吴淞铁路的小火车），就意味着爬上窗台往外看了一眼。当然，看的多了，模仿加掺和也就出来了。一种前所未有的新文化——海派文化冒头了，它意味着创新，也意味模仿；意味着时髦，也意味着乱来；意味着西化，也意味着洋泾浜。总之，近代中国的进步，总免不了跟上海有关，晚清的混乱，也能在上海找到根源。

自从西方人选定了上海，自从西餐变成了“大菜”，中国就不一样了。

树大招风的名人

一个人要能吸引众人来看，在现在的社会，一个必要的前提是他（或者她）必须足够有名，而且是要能吸引大众眼球的那种名。记得若干年前，有好事者把一哲学家和一群歌星、影星装到一个游船上，沿着长江巡游，所到之处，众星被热烈追捧，哲学家只好坐冷板凳，尴尬了一路。看名人，而且还要看真人。现代社会，传媒发达，一个娱界明星，照片、影带、碟片无数，连穷乡僻壤也不难找到他们的形象。可是，大家仍然喜欢追踪这些人的行踪，只要他们在什么地方出现，都会引起一阵不小的骚乱。这种毛病，用相声演员牛群的话来说，是要看活的。

古代社会没有今天所谓的传媒，想要看一个人，除了画画之外，只好看活的。不过，那个时候好像大家喜欢看的，往往是美女和美男，跟名气关系不大。西晋时的著名美男潘岳（后世所谓的潘安）出行，必有大批女人围观，摸索追吻，无所不为，就跟韩日世界杯期间，贝克汉姆在日本的遭遇一样。一次，他去看著名诗人左思，当地的女人们，也如法炮制了一回，让左思好生羡慕。左思虽然诗才独步，但相貌却不怎么样，可诗人总免不了有点自负，他认为潘岳的女人缘，不是由于人家的相貌，而是潘的打扮和表现。于是，他也按照潘的装束，乘坐潘的车，甚至按照潘的姿势挥手，招招摇摇就出来了。结果，原本意气飞扬的诗人，遭到了女人的唾沫、土块（还好没有臭鸡蛋）加奚落臭骂的迎接，灰头土脸地落荒而返。美男如此，美女的待遇也是一样，西施出行，必有大批追随者随行，之东，则西巷为之空，之西，则东巷为之空。从东施效颦这个典故看，追随者中不仅有男，还有女（今天也是如此，女明星的追捧者中，男女一样多）。

然而，看名人也存在着安全问题（最令警察头痛），不仅看客自相践踏，容易出人命，就是被看的名人，也有风险。西方的女影星遭到追星者绑架，甚至刺杀的消息，已经不算新闻了。英国前王妃戴安娜的死亡，跟狗仔队的追踪有着直接的关系，属于一个跟“看”有关的名人伤亡案件。法国著名影星苏菲·玛索来中国，为了防范众人“看”得过激，接待方准备了60个保镖护驾，可是，现场激动的看客依然会不顾一切地扑上去，能摸（包括抓）就摸一把。当然，古人也是人，这种事情古代也有。跟潘岳同时代的卫玠，也是出了名的美男子，晋室南渡，卫玠也到了南方。江南的女人们，第一次见到这样的美男，未免过分激动，在大热天里，活活把这个卫美男像看熊猫似的围观了大半天，至于身体接触，当然也在所难免。可悲的是卫玠身体一向不好，经过这么一“看”，回去就大病一场，死了。当时就传出一个典故，叫作：“看杀卫玠。”

看名人以至于看杀，是名人和大众付出的代价。任何人，只要变成大众眼里的名人，那么，他（她）的一切，特别是他（她）的身体，就已经不属于他（她）了，已经成了大众娱乐的一部分，必须为大众的狂欢做点儿贡献。古今中外都一样，公众的东西容易损坏。在这方面，古代的美女美男们肯定要比今天的明星悲惨，今天的明星被看，标志着巨大的票房，也就是个人的收益，而古人，除了让人嚼舌头，个别美男多几个投怀送抱者之外（今人这方面收获更多），什么好处也没有。

辜鸿铭的男女论

辜鸿铭有句名言，男人和女人，就像茶壶和茶杯，一个茶壶可以有几个茶杯，一个茶杯不能有几个茶壶。意思是说，男人纳妾，享齐人之福，是天经地义的。辜鸿铭“学在西洋”，是西方文化熏出来的人，西方文化的要点之一，就是一夫一妻制，比照亚当夏娃，严格执行。即使贵为国王，也得遵行不二，拈花惹草偷腥可以，但跟中国皇帝一样三宫六院的，则不行。西方世界千余年来，除了极少数的化外之地存在个别的例外，比如美国的摩门教，还真是一体遵行。可是，为什么偏偏一肚子洋墨水，中国字都写不好的辜老先生回到中国，在欧风劲吹的当口，硬是公开鼓吹纳妾？到底是跟他的保皇政见一样，不过是借题反潮流，还是为了使他那“生在南洋，学在西洋，娶在东洋，仕在北洋”的豪言壮语名副其实（他纳了一个日本的妾）？现在委实是弄不太明白了，但我估计跟这两条都有点儿关系。

辜鸿铭说了这句很是冒犯时髦女士的话，摇着脑袋后面小得不能再小的辫子，依旧我行我素去了，根本不理会背后先进的男女们的叫骂。这些人叫骂得越凶，他老人家越是高兴。不过，先进的人们在批判的同时，往往在私下里不得不承认这句名言比喻得高明（尤其是男士），时间一长，大家未免有点中毒。大诗人徐志摩追上美女陆小曼，尽管有许多曲折和不快（尤其是对于小曼的原配王赓而言），毕竟是一段文人佳话。徐志摩圈子里的人，多半还是替他高兴。当时很有名的画家，也是徐志摩好友的邵洵美，特地为他们画了一幅画：一个茶壶，一个茶杯。题曰：志摩是茶壶，小曼是茶杯。大大地幽了好朋友一默。

小曼笑纳了邵洵美的礼物，但却发表了自己关于男女问题的见解，她说，男人和女人，不应该是茶壶和茶杯，而应该是口腔和牙刷，每个人应该有自己专用的牙刷。

陆小曼顺应时代的潮流，维护了女人的权利，其比喻可以跟辜老先生媲美，不愧为一代美女加才女。只是她在日后的实践中，却只顾了女权而忽视了男权，虽然有客观原因，毕竟寻下了情人，并且开支巨大，让丈夫在徒呼奈何的同时，还要两地奔波讲课挣钱，最后年纪轻轻就死于非命，让喜爱他诗歌的人，少了不少享受和激动。

自古以来，男女之事，神鬼难言之，说不清道不白的。时间一晃，大半个世纪过去了，我们的观念有点儿乱了，实在不知道是该守旧还是应该迎新，抱着茶壶还是拿稳了牙刷。

临阵读书，不快也光

已经有些年了，历史学家总是忧心忡忡，说是历史被写小说编本子的弄坏了，很是担心以后的人们，可能会按照这些弄文学的人所说的理解历史。其实这种担心完全是多余的，因为自从宋朝说话人（说书）讲史以来，从来历史的叙述，都敌不过文学的夸张，普通人记忆中的历史，不可能是史家的历史。只是这种文学性的历史，时不时地会借某些人的身段，冒出来，在后来的历史中留下痕迹。

闹义和团的时候，团民围攻西什库教堂，久攻不下，这时冒出来一个和尚，涂红了脸，手里捧着一本《春秋》，按青龙偃月刀，骑着马来到阵前，团民们声势大振，说是关公再世，洋人的末日到了。大家拥着再世的关公，一起上前，只听一声枪响，“关公”坠落马下，大家一哄而散，直到八国联军进城，小小的西什库教堂岿然不动。

辛亥年十月，云南新军起义前夕，蔡锷、唐继尧等人在刘存厚家，刘摒去妻子，大家歃血为盟，书“同心协力，恢复汉室，有逾此盟，天人共殛”16 个字，火化调于酒中，滴上各自的血，一起喝掉。当时鼓吹排满的人，要光大汉之天声，恢复汉家衣冠，倒是可以理解的，可是恢复“汉室”是什么意思呢？在汉语里，“汉室”的意指是固定的，无非是刘家的朝廷。大概事情紧急，这些出身日本士官学校的武人，一时以为自己是奉了衣带诏的刘备、马腾和董承了。

最富创意的是冯玉祥的部下张之江，1925 年他跟奉系李景林部在天津附近开战，张之江攻，李景林守，双方僵持不下。张之江想起了《东周列国志》上田单的火牛阵，打算如法炮制，可是急切之间，找不到那么多牛，京津附近，羊倒有的是。于是，张将军临时修正了古人，改打火羊阵——抓羊、买羊，在羊尾巴上浇上煤油，羊角上束好火把，拉到阵前，一齐放出去。没想到，被弄得疯掉的羊并不听从指挥向前冲，而是向四面八方乱跑。火羊阵没有改变双方的阵地格局，不过，对其结局，两边阵地上的士兵倒很满意，因为他们都在忙着大嚼其羊肉。

义和团运动期间，北方遍地的拳坛上，一“上法”（进入某种状态）就宣称自己是关（羽）张（飞）赵（云）马（超），跟成千上万唱着“三国战将勇，要属赵子龙”走向战场的军阀士兵相比，上面提到的事情算不得什么，不过是些小说观念改变世界的小案例。但是这些告诉我们，不真实的历史，也许比史家叙述的比较真实的历史，更能创造新的历史。因为它有更多人乐意相信，也有更多的人乐意模仿，历史也许从来就是这样将错就错地演进着。跟上述故事类似，比如辫帅张勋，对关羽崇拜到了骨头里，他不知道《三国演义》里关羽所谓的忠臣不事二主，降汉不降曹的鬼话，都是罗贯中编出来的。当然，如果张勋仅仅止于崇拜，跟历史的变化关系不大，可是他在清亡后还抱着清室的大腿不放，上演了一场清室复辟的闹剧，让后世的历史学家不得不记上他一笔。从某种意义上，小说的历史虚构，就有了真实的历史意义，参与创建了一段真实的历史。

有关人头像章的一点考据

劳动佛祖，让他来为自家护身保驾，挂个佛像在胸前或者腰间，这是国人古已有之的老习惯。这些佛像如果是金属做的，而且又足够的扁平，也就跟像章相差无几了。不过，为世俗世界的人做纪念章的事，还是一种舶来货，是洋人先弄起来的，中国人后来一直在学。清朝覆灭之后，别的现代化好像没什么起色，但在这方面，倒是进步神速。在山西和江西的旧货摊上，我淘到过孙文、袁世凯、黎元洪、蒋介石，甚至曹锟、吴佩孚、张作霖、阎锡山的像章，都蛮精致的，个个人头硕大，端庄可敬。但是翻遍历史并名人日记和回忆，却没有人人戴像章的记录，甚至军政人士好像也没什么人佩戴这种看起来很美观的东西。如果非要佩戴点儿什么的话，大家显然对勋章更感兴趣，在老照片上，顶多能看到人们挂上若干或者若干排勋章的形象。

显然，这些曾经威风过的伟人（用广东话来说叫猛人），不是自身个人魅力不够，就是手下抬轿子的人太蠢，造出了像章，却没有办法或者干脆没有想到让大家都佩戴。袁世凯手下的梁士诒等人，想出了组织妓女和乞丐请愿团拥护老袁当皇帝的招数，大太子袁克定甚至连报纸都伪造出来，以示舆论一致，居然就是没想到让老百姓人人都戴有袁头的纪念章（哪怕让军政人员戴也行啊）。如果人人胸前都佩戴老袁的像章，别说做皇帝，就是直接做神仙，都准保没人敢反对，蔡锷之辈就是想捣乱，也没有人会响应。

不过，在那个时代，造出像章只拿它做纪念品，不充分发挥其政治效用。有两个不大的军阀，造了有自己头像的纪念章，然后强令自己的部下，每人一个，佩戴在胸前，如果有人不遵，军法处治。这两个人，一个在胶东，叫刘珍年，一个在关中，叫管金聚。

相比较起来，刘珍年推行个人崇拜的力度要大一点儿，不仅发像章，据说还编了自己的语录，发给手下的军政人员，人手一册，某些警句据说也是要求背诵的。可惜的是，现在刘珍年语录已经找不到了，我搜寻多年都没有结果。如果有一天刘语录能出土问世，肯定是件让收藏旧文物的人们高兴的事情。

更可惜的是，刘、管两位的队伍毕竟太小，不过几万人枪，崇拜所形成的战斗力又不足够大，所以没有显示出像章本身所应该具有的巨大精神威力，先后都让更大的军阀吃掉了。管金聚的遭遇更具戏剧性，打败了仗，本来他是可以化装逃走的，可是，即使变了装，他的士兵人人胸前都有他的像章，等于到处张贴了通缉令。于是管大人没有跑成，落到了对手手里，而对手又是个六亲不认的家伙，结果管大人胸前吃了花生米，翘辫子了。

时间过去了大半个世纪了，没有人为我们的刘大人和管大人总结过经验教训，为什么他们的个人崇拜不够有威力。不过，有一点是可以肯定的，此二人开创了利用像章推行个人崇拜的先河，拥有货真价实的首创性。仅凭这一点，他们就有资格在历史上留下名字。

20 世纪二三十年代的中国，发生过很多事情，有伦理革命、思想解放，还有科玄论战、教育救国、乡村建设。可是，当时发生的并不仅仅是这些事情，不仅大学生和教授在忙活，很多让后来的人们看起来很不怎么样的人，也在忙。对历史发生作用，甚至影响到后人行为的，其实并不都是那些很光鲜的思想和行为，思想家和先进时髦的学生在创造历史，军阀、马贼们也在创造历史。有讲唯物论的就有装神弄鬼的，有拜佛传戒的就有用水龙头给部队洗礼的，有主张教育救国的就有扶乩打卦的，比较起来，利用像章搞个人崇拜，还多少有点创造性。只不过，大家乱忙一场，流芳百世也罢，遗臭万年也罢，究竟哪个影响更大，还真说不清。

辫子下的奴性

由于近些年清宫戏的流行，估计全国的男女老少，没有不知道清朝的男人是要留辫子的了。在美国，有些人到现在还以为中国男人脑后有辫子，因为国人给他们最早的印象就是如此，祖祖辈辈传下来，形成刻板印象了。其实，当年中国男人的辫子，之所以最终被剪了下来，主要是这些西方人外加东方的日本人闹的。首先是西洋人少见多怪，心怀种族歧视之见，说国人的辫子是 pig tail（猪尾巴），后来一心要脱亚入欧的日本人也跟着起哄，猪尾巴长猪尾巴短地叫，日本小孩还成群结队地跟在清国留学生的后面，一边嚷着，一边伸着手，试图揪一下。清朝最后的十几年，国人到日本留学的最多，慢慢地对这种起哄招架不了，有些人在境外某些势力的策动下，居然想起了原来这辫子其实是满族人逼我们留的。一来二去，明末清初的笔记，《扬州十日记》《嘉定三屠》什么的都出来了，大家一看，原来我们的祖先，为了脑后的这根辫子，死了那么多人。辫子，不仅给了洋人骂自家的由头，还是奴隶的标志。

大家想通了之后，有勇敢的人就把辫子铰了，不长不短的头发，披散在脑后，前面还因为经常剃的缘故是光光的，成为那个时代独特的一种发式。不过这样一来，中国使馆的留学监督不干了，总是找这些人的麻烦。因为留学生中很多是公费，即使不是公费，父母家人也在国内，虽然那个时候朝廷在搞新政，整个社会，在西方资产阶级思想影响下，人心不稳，控制也不那么严了，但如果真要较真，追究起来，总是有点儿不妥。于是，没了辫子的诸公就亟思有所反制。经过侦查，他们发现监督大人姚某，跟某女留学生关系暧昧，于是决定设伏捉奸。俗语道，不怕贼偷，就怕贼惦记。只要惦记着，总能找到机会下手。某天，机会终于来了，姚某被抓了个“现行”，三个好汉一拥而上，邹容抱腰，张继捧头，陈独秀挥剪，只听咔嚓一声，监督大人的辫子就被剪了下来。结果姚监督丢了官，而三位好汉也不能再继续求学，自然也就逼上梁山，做了大名鼎鼎的革命党。

打这以后，继任的留学监督再也不敢为难留学生，睁一只眼闭一只眼。留学生们也就日益胆大妄为，不再把辫子塞在帽子里，隆起一座富士山，纷纷剪下辫子跟日本下女换酒喝了。风气所及，连满族学生也受影响，不过，这帮八旗子弟多半未必真的下手，倒是将剪辫变成一种跟家里人要钱的手段。端方的儿子也留学日本，到日本没几天，就把带来的学费、生活费连同回去的旅费统统花了个精光，然后问老子要钱。老子闻后大怒，不给。儿子又来一信：再不给钱就剪辫子换钱！端方虽是满人官僚里的开明派，但满人剪辫子毕竟不成话，于是赶紧给儿子汇去一千大洋。

当年留学日本的人，绝大多数去得快，回来得也快。因为一来国人真正肯下工夫的少，二来日本人也比较会糊弄中国人，大批地办速成学校，一年甚至半年就打发中国人学成回国。回国的留学生有的虽然连正经日语都不会说，只跟下女学会了几句戏谑的话，但却大批地担任国内新学堂的教师。这样一来，剪辫子的“不良风气”就传给了国内的学生。为了防止境外反动思潮的侵蚀，清朝的地方官采取了许多紧急措施，最主要的就是规定学堂的教员不能没有辫子。可是，如果这条规定严格执行起来，那么学堂就有办不下去的危险，因为留学生没有几个有辫子的。没有办法，只好变通，允许“海归”们弄条假辫子挂上充数，结果国内一时间假发店大发市利，生意奇好。鲁迅回国的时候，也买了一条假辫子，可是那些冬烘的先生，偏要像蚊子见了血似的盯在后面品来品去，研究辫子的真伪，逼得鲁迅一怒之下干脆扔了假辫子，就光着脑袋走来走去。学校居然也没有辞退他。其他回国的“海归”，装假辫子的经历大抵差不多，都先后被过于苛求的赵老太爷们逼上了梁山，最后大家索性不要辫子了。

当然，事情也没有那么绝对，海归们也有自愿挂假辫子的时候——那是朝廷授予他们洋进士、洋举人的时候。晚清新政曾经弄过某种中西合璧的玩意，给留学回国、学而有成的海归们授科举的头衔。举行一个小小的考试，按成绩，也按留学生在国外拿的学位，学工的授工科进士和举人，学农的授农科进士和举人，学军事的，就授兵科进士和举人，当然，如果是学牙医的，就授牙科进士和举人。我们很多近代的大名人，像严复、李四光、蔡锷、唐继尧、吴禄贞、蒋方震，都得过这种科名。虽然那时候很多时髦的人都在骂科举，但真要是头上落个进士举人的头衔，谁都不会拒绝。毕竟，那东西我们祖祖辈辈为之奋斗了那么多年。

再后来，革命了。革命党只要起义成功，第一件要办的事就是剪辫子。有的地方甚至规定，凡是不肯剪辫子的人，不予公民权。更多的时候，革命党人是靠武力强迫，抓住有辫子的，按倒就剪。害得农民不敢进城，街上流行戴尖的高帽子，当年见于日本的“富士山”转移到了中国。但是一门心思革命的人很不理解，为什么国人对自己奴隶的标志这么看重？一个很有革命思想的军官冯玉祥，下令命他的部下士兵统统剪掉辫子，他亲自带人手持驳壳枪监督，士兵们哭得呼天抢地，纷纷把剪下来的辫子珍重地包好藏起来。冯很愤怒，也很无奈。可是，过了不久，当冯玉祥也变成了一方军阀，他招兵的时候，定下一个关键的条件就是，没有辫子的不要。有辫子的农民,才是真正的老实人,招来当兵——踏实。

再到后来的后来,国人的辫子逐渐地没了,毕竟乡下人敌不过城里人。在乡下向城里看齐的过程中，随着风习的改变，九斤老太和赵老太爷都渐渐地没了市场，被城里人强行剪掉辫子的农民，安然无恙的日子一长，大家突然发现，原来没有辫子也是可以活的，而且活得很方便。可是，辫子没有了，神还在。这是冯骥才小说《神鞭》里说的，小说主人公傻二原来有一手甩辫子的“神功”，参加义和团，辫子被洋人的洋枪洋炮打没了，但练了洋枪，一样神乎其技，百发百中。此话，从另一个角度讲似乎更对——辫子没了，奴性还在，在某些特殊的条件下，甚至还会变本加厉。上层的人，讲“政治贞操”(注意:讲的都是大男人),下层的人，矮着身子狂呼万岁。

其实，个中的道理是常识：奴性之有无，是脑袋里面的事情，跟脑袋上的头发无关。

万民伞的掌权思维

清代，地方官离任的时候，这个地方的绅商都得表示一点儿挽留的意思。比较通行的方式是送“万民伞”，意思是这个父母官，像伞一样遮蔽着一方的老百姓，送的伞越多，表示这个官越有面子。当然，有时候也会有更热烈的表示，那就是当官上路的时候，组织一群人拦车或者拦轿，虽然最后人总是要离开的，但那场面还真有点儿感人。

当然，这种事，有真的。不过，如果在这个官被撤职或者降职的时候，当地还有人送伞，甚至拦轿，说明这个官绝对是个清官或者好官，而且当地人同时又有情有义。可惜的是，在多数情况下，所谓万民伞之类，多半是当事人自己操办出来的。当地人看在离任官员即将升官的面子上，一般都不拂其意，怎么也要表示一下，不过如果需要大力度的表现，比如组织拦轿拦车什么的，那就需要离任者出点儿血了。某些官声不佳的人，连一般的万民伞都得出点儿血，否则没有人乐意操这个心。当然，也有官声不好，不肯出血，却非要伞不可的，那就是耍赖不肯办交接，逼接任者为他张罗。

进入民国以后，地方掌权的人，逐渐换了军人，军人的脸皮比较厚，横征暴敛，营私舞弊，做事情不在乎人家怎么说。很多地方，19 世纪 20

年代的田赋已经征到了 21 世纪 20 年代，小老婆讨了 N 个。不过，军阀也有好面子的，如果有机会换个地方当头，也有人热衷搞一点儿万民伞之类的噱头。1917 年，冯国璋以副总统继任总统，必须离开南京，于是把他的亲信江西督军李纯调到南京，做江苏督军。李督军在历史上，没有多少声响，除了“二次革命”时打过国民党之外，似乎也没有做过什么坏事，只是有点儿好面子，讲虚荣（否则大概后来不会自杀），从江西调到江苏，等于升职，走的时候，总要风光一些。于是在他的安排下，江西的绅商一如前清时节，送万民伞，发电报挽留，沿大街安排商家预备送别席，而且还推举了一个老绅士做“卧辙代表”，意思是在李督军上路的时候要躺在车前拦驾。只是那时候已经有了轮船，从南昌到南京一般是坐轮船的，不知道到时候是否把老绅士丢到江里去。当然，所有的这一切，都有代价，就是说，由李督军埋单的。

比起依权仗势，以强力胁迫老百姓对其表示欢迎或者挽留的，这种花钱买感情的方式，其实还算是温和的，温和虽是温和，却多了几分肉麻。只是拿肉麻当有趣，从来都是政界人士的特殊爱好，这一点古今大同小异。

新药里的旧药方

出一趟差回来，发现北京的非典型性肺炎已经闹大发了。商店里的口罩脱销，都扣在了行人的嘴上，消毒液也脱销了，都洒在或者正洒在各色房间的空地上。更有意思的是，虽然致病的病毒还没有最后查清，但防治这种病的中药药剂却冒出来一堆，有中国的也有韩国的。民间的验方也层出不穷，跟小道消息一并，在底下到处传。其中有一位好心人特意打电话相告，他刚刚获得的一份珍贵的防治“非典”的验方，方子念完，电话这边的我不禁哑然失笑，我告诉他，这是当年义和团的药方。

放下电话，怕记忆有误，找出史料查了一下，果不其然，那位好心的朋友告诉我的验方，就是一百多年前，流行的义和团揭贴上附着的防治洋人下毒的药方：

乌梅七个、杜仲五钱、毛草五钱，用水煎服即愈。

在现在人的眼里，20 世纪之交是中国人跟外国人过不去的年代，包着头巾挥舞着大刀的义和团，自我感觉有刀枪不入的法术，老是冲着洋人以及信基督教的人们砍砍杀杀，好像很激昂，也很神气。其实，那也是个恐慌的岁月，人们，包括义和团无时无刻不在担心着什么，洋人在井里下毒，就是其一。据说，人们喝了下过毒的水，会出现瘟疫，让中国人都死光光。这种恐慌还不是最恐怖的，人们还传说洋人诱人入教，女的奸淫，男的鸡奸，死后挖出眼睛做成药水，据说可以点铅成银。不仅如此，洋人传教士和修女还拐骗儿童，挖出心肝来做药。自打西方撞开大门进来，基督教各派在中国城乡的传播成了气候，类似的传说就在不胫而走，只要谁家走失了孩子，什么地方闹起了瘟疫，如果当地恰好有洋人或者洋教的话，那么针对洋人的恐慌就会闹起来。于是乎教堂被烧被砸，教士教民被打被杀，历史上称之为教案，在义和团之前，已经闹了几十年。

耐人寻味的是，真正因为洋人和传教士欺负中国人而闹起的教案并不多（这种事其实很多），闹起来而闹大的，往往是根据我上面提到的这些讹言和传说。尽管，每次这样的教案在西方的干预下，都以闹教的地方赔款惩凶为结局，但是，处理教案的中国官方，却从不公布事件的真相，告诉人们其实没有人挖了心肝做药，也没有人在井里下毒，慷慨激昂的冲突，含有了太多误会的成分。信息控制的结果，给人的印象是，赔款惩凶的处理不过是洋人武力胁迫的结果，而讹言是实有其情。于是乎，讹言越传越盛，越传越玄，最后以庚子年华北的大旱为契机，酿成了举国皆狂的排外大潮。当然，最后是超大规模的赔款惩凶——成千上万的义和团员人头落地，四万万人每人交出一两银子。

事情就是这样，越是担心真相的暴露会引发人心的骚动，就越是容易引起人们的不安。当正式的渠道闭塞的时候，人们对于各种非正式渠道就格外地依赖，从而导致小道消息乃至讹言被激活，群体在传播和接受讹言的时候情绪相互感染，恐慌由此产生而且升级，直至出现危机。更加可怕的是，群体性恐慌所引发人们的紧张，使人们会自动地寻求消解之道，紧张的情绪要有地方宣泄，不满积聚要寻找替罪羊。这时候人们往往趋向于“做点什么”，有点火星，有人刺激，就完全可能像溃堤一样形成骚乱，更不用说有人有意组织策划了。

虽然，信息控制是传统政治治理术的组成部分，但是某些聪明的统治者也知道，什么时候能瞒，什么时候不能瞒。在人们意识到危险可能波及每个人的时候，信息公开往往是化解危机的不二法门。因为公开的信息可以让人们知道如何规避危险，绕道而行，而反其道而行，则很容易使自己成为人们情绪激动后果的承受者。

义和团药方的再现江湖告诉我们，人们在情形暧昧的危机时刻，其心境、情绪和行为大体上是相近的。也许没有几个人知道，正在流传的药方中有义和团的药方，甚至人们可能并不真的相信这些中药和药方，可以治疗非典型性肺炎。它的出现，不过是一种人们在恐慌的时刻想要做点什么的征兆。

时间虽然过了百多年，在触及人类最本原层面的时候，人的变化其实并不大。

百年之痒与百年之羞

2005年是科举废除100周年。100年前，一项存在了1400年的制度，经当时的重臣张之洞、袁世凯、岑春煊、端方等人一撺掇，几年前一手埋葬了戊戌变法、被人视为顽固派首领的西太后下了一纸诏书，就这么完了。顺手翻了一下当时也算是小名人，而且对时政颇为热心的郑孝胥的日记，1905这年，关于废科举，居然一字未提。戊戌变法时废八股引起的轩然大波，此时已经消失在了爪哇国里，知识界看起来已经恬然接受了这个在后人看来几乎是翻天覆地的改变。这个被著名学者许倬云称为中国文化三原色之一的科举制，居然完结得这么无声无嗅，波澜不惊，不仅令今天的我们不解，而且让当时有点了解中国的外国人看了，惊奇之余，未免有点盲目乐观。《泰晤士报》驻北京记者莫理循居然由此推理说："既然中国能够不激起任何骚动便废除了建立那么久的科举制度，中国就能实现无论多么激烈的改革。"(《清末民初政情内幕》)

莫理循没有明白，废科举这项看起来最具现代性的制度变革，虽然似乎表现了中国人学习西方的热忱，其实背后却有古已有之的老套路在起作用。如果没有这种老套路，科举即使不可避免地会被废除，也断不会如此迅速，更不会如此地朝野一致。

古代的中国人在政治上有个习惯，只要国家出了问题，无论这个问题是出在经济上，还是军事上、制度上，甚至干脆就是皇帝自己家里有了麻烦，大家在找原因的时候，板子往往都打在士的头上，打在士风或者学风上，而最终又都反映在选举（官吏选拔）上。自从秦汉创制以来，这种局面就形成了。选举制度的几次重大改革，比如从察举到九品中正，从九品中正到科举考试，以及中间小的变革，如察举从四科到唯经义是举，科举考试内容从诗赋变八股的标准化演进等，无一不是这种找原因然后大批判的结果。大抵自秦汉以来，皇帝必须依赖金字塔式的官僚体系管理帝国，大小官吏等于是皇帝开工资的雇员，形成了实际上的“半公司”架构，无论是追求效率还是讲求稳定，都只能落在官吏身上，官吏的素质和能力，成为后来我们所谓的“人治”的重中之重。这样一来，选举就成了王朝政治的“纲”，每次出了问题，大家就指望“纲举目张”，一抓就灵。

晚清面临千年未有之变局，中国在应变方面的成绩不佳，选举制度自然难逃板子。自明末以来对八股制艺的批判声，随着中国跟西方打交道中的一连串败绩，越来越高。当然，一般说来，这种批判的内容大抵是老生常谈，无非是说科举考试将人们束缚在八股制艺的牢笼之中，不能很好地选拔人才，以至于中国事事不如人，本质上跟明末士人类似的呼声没有多少区别。不过，跟以往不同的是，此时的批判，随着人们对西方的了解日益深入，很快手上就有了批判的参照——西方的学校制度。西方的节节胜利，使得这种参照更加光彩照人，很具有说服力。事实上，正是义和团运动这种归向传统的抗争的彻底失败，不仅导致原本戊戌以来对变革的反对声销声匿迹，而且引发了改革的紧迫感，才使得废科举如此顺利。这里，人们不仅听到了“破”的呼声，而且看到了“立”的榜样，目标当然是向西方学习。这意味着，在中国历史上，选举制度的变革，第一次有了来自别种文化的资源，而且是特别有诱惑力的资源。

然而，我们的先进知识分子所引进的西方参照，在事实上跟科举制度并不对应，至少不完全对应。严格来讲，我们的科举主要是一种通过考试选拔官员的制度，属于选官制度，虽然随着科举的推行，学校制度（官学）日益和科举紧密地联系在了一起，成为科举制度事实上的附庸。在明清两朝，甚至官学的入学考试，被人们看成科举的第一个台阶——进学成为生员（秀才）。但科举毕竟不等于学校制度，因为它事实上什么都不教。不过，由于科举创制的时候，引述古义（周礼所谓的学校制度）所造成的先天误会，以及国人天生不善分类的思维方式，因此，那个时候的人们，即使是最西化的先进分子，根本意识不到自己在分类学上这种看起来不起眼的失误，从一开始就拿西方的学校制度来类比科举，一直比到科举废除还意犹未尽。

其实，尽管清朝官学是跟科举捆绑在一起的，但恰是因为这种捆绑，反而使得官学逐渐退化，到了晚清时节，官学实际上已经成了一段可有可无的阑尾。虽说各个府、州、县都有学校，房屋设备齐全，但这种学校基本上是不开课的，逐渐甚至连起码的考试也成了形式。进学的实际意义，除了获得参加进一步考试的资格外，主要是为了拥有一种初等缙绅的身份，可以有某种官方赋予的特权，并得到民间的尊重，跟学校学习几乎没有任何关系。人们真正学东西的所在，其实是私学（各种名目的私塾），真正的老师，也是私学的教书先生（尽管，在那个时代，人们一般对自己真正的授业老师并不重视，而却将那些在考试中录取自己的所谓的房师和座师当成老师。这是一种人际关系的扭曲，目的无非是结成官场上的人脉）。所以，实际上，西方学校制度的对应物应该是中国的私学体系，而不是科举制度。晚清新政时大家众口一词的“废科举，兴学堂”，按理应是“废私塾，兴学堂”

才是。虽然，废科举后，私塾也走向式微，但那是废除科举的副作用导致的。

古代中国被人称为“选举社会”，选拔官员的制度在社会中的重要性可想而知。事实上，无论是早先的察举，还是后来的科举，都既是社会精英上升的阶梯，也是政府联系士人的桥梁，更是使社会围绕着政府旋转的磁石。科举的金字塔的最顶层是进士，其次是举人，再其次是秀才，秀才之外，还有人数众多的童生。从进士到童生，台阶虽然只有四层，可上层和下层，人数比例可达到了一比十几、数十万。科举制度就是这样牢牢地将社会上绝大多数精英和预备精英，都固定在了政府的轨道上，用《儒林外史》里马二先生的话来说，孔夫子到了今日，也一样要赶考。自元朝以来，官方将朱熹编定的《四书》定为考试范围，将朱熹的注释作为标准答案，无非是将原来科举所有的制度上的政府与士人的联系，加上一道忠诚的锁链而已。

科举制度在古代社会的作用，还体现在这个制度对日常生活的塑造上。定期的科举考试不仅滋生和激活了古代的印刷出版业，产生了一批居住在城市里，专门编制、评点“考试复习资料”为生的读书人，也刺激了乡村的私学的发展，为读书人提供了一个比较宽口径的谋生饭碗，使得中国的古代社会有了惊人的识字率。更重要的是，这个制度塑造了大批的读书人“应考—谋生”的生活模式，即所谓“耕—读”的模式（许多乡村的读书人，都是一边教书，一边复习准备考试，一边种地）。这种模式不仅给了读书人还算体面的生活，而且为乡村礼俗生活提供了“礼教”的资源，维持了乡村世界的秩序。很多人之所以生命不息，考试不止，不仅仅出于他们对仕途的迷恋，而且还是因为他们其实没有办法摆脱这种生活模式。

在科举废除的时候，虽然来自西方的“大门口的陌生人”已经进得门来几十年，在政治上，业已成功地将中国拉进了西方的世界体系；

但在社会生活上，除了少数的沿海口岸城市外，这些外来者却并没有给中国带来更为深刻的变化。换言之，中国人，尤其是中国的读书人，尽管已经进入20世纪，依然还是按着古老步调，演着生老病死、吃喝拉撒的“旧戏”。那些沿海城市，虽然也逐渐有了记者、律师、银行职员之类的现代职业，但由于过于稀缺，一时也难以满足新式教育的学堂毕业生以及留学生们的需要。在科举废除前，虽然学校教育大有起色，各色学堂办了不少，但新教育的出口，多半也要指望政府的洋务部门。而西方教会办的新式学校，毕业生如果不设法留洋的话，只有留在教会内部消化。事实上，直到科举废除，在学堂里读书的人们，多半是脚踩两只船，一边学着声光化电和ABCD，一边复习着八股文，背诵子曰诗云，随时准备参加科举考试。当年进了江南水师学堂的鲁迅兄弟的例子就很典型。周作人后来回忆，在科举废除前夕，在学堂读书的他，仍然受家里人的催促，要他回去参加秀才考试，“当时家里的人，大概还觉得当水手不及做秀才的路正，或者由于本家文童的力劝，也未可知；而同时在学堂本身也存在着这样的空气，这是很奇妙的，虽然是办着学堂，实际却还是提倡科举，即如我们同班丁东生告假去应院试（秀才考试的最后一关），进了秀才，总办还特别挂虎头牌，褒奖他一番呢”（《知堂回想录》）。不管社会舆论对科举的态度如何，在周氏昆仲和其他类似处境的读书人来说，脚踏两只船，无非是多一条发达晋升的途径而已。

其实，废科举并非没有反弹，也不是没有引发不满情绪。科举之废，对于身处风气已开的江南地区的周氏昆仲来说，可能只是在科举的那条船上收回了脚而已，但对于像蒋廷黻这种地处偏僻的湖南邵阳乡下的读书人来说，事情就要麻烦得多，由此带来的苦恼也多得多，他们的家长不得不为此烦恼，而且付出更多的金钱，以便把他送到省城里上学堂。还有很多人，连学堂都进不了，只好投奔新军，做当时很为人所看不起的“粮子”（过去对士兵的称呼）。显然，他们这些人在改革过程中，是没有声音的。至少，他们的声音没有那些上层的读书人那么大，由于没有那些救国求新的大道理，他们即使发了声，也没有人听，自己的底气就不足。他们的境遇甚至可能还不如一些农民。我们知道，在清末新政期间，很多地方都出现了“烧先生”、“打学堂”的农民风潮，农民借这种看似非常落后愚昧的方式，来表达他们对兴办学堂的不满。这种风潮被记录下来，总算留下一点儿民间有关废科举的声音。

对于已经成年的人来说，生活模式和生活轨道的改变，是一件很难的事情，即使改变后有出路都是如此，更何况无出路。国外史学界已经证实了由废科举导致的士人与朝廷的传统联系的中断，跟辛亥革命之间的关系。其实，给士人带来更大惶恐和不安的是生活状态的改变和混乱。这种惶恐和不安，可能才是最后压倒清朝政府骡子脊梁的一根稻草。我们都承认，新军是革命的主力，但武昌的新军士兵到底有多少是真的明白了革命的道理才造反的？有多少是由于生活的不满而发泄愤怒？抑或两者兼而有之，各种的比例各占多少，我们现在是无法弄清了。据当时还算个领袖人物的仇鳌讲，其实那时候就连他满脑子想的也不过是排满，对于民主共和并不清楚是怎么一回事。所以，应该说至少有一部分人，其实不过是借着更西化、更具现代性的口号主张，发泄了他们原本对现代性意义上改革的不满。

民国建立之后，人们逐渐明白了，考试取官，作为制度形式而言，至少在那个时代，谈不上腐朽落后。当时的西方国家大多处于政党分肥的文官制度状态，现代西方的文官考试制度，是后来才建立的，而且据说是受了中国古代科举考试的启发。事实上，后来的民国政府，考试作为一权独立出来，表明国人已经注意到了这个传统资源的重要性，而且，学校不再和选官考试捆绑在一起。应该说，民国的教育，比较成功地将教育和选官分离开了。到此，按道理说，意识到这一点之后，蒙在科举头面上的百年之羞理应去掉了吧？可是，没有，科举还是没有真的从当年的厄运中走出来，不仅有识之士，每每谈及现实的教育问题，科举还是挨骂，至少作为一个坏背景在挨骂。而且，最糟的是，新中国建立以后，在计划体制下，科举居然以一种非常特殊的形式复活了。不仅科举复活，而且当年的科举制度下选官和学校制度不分的老病再次复发。新中国的高考，怎么看还都像是科举的变种，不仅形式像，而且考试内容也充斥着八股味道。凡是高考及第者，一律转户口粮食关系，毕业就是“国家干部”，好像是二十三级（虽然比进士出来就是七品差了点儿，但考虑到大学的名额比当年进士及第不知多了多少倍，所以也说得过去了）。虽然号称是最革命、最先进的教育，但主旨却是跟当年确定朱（熹）注为不可动摇的标准一样，是一种给定结论（真理）式的教育。无论什么学科，什么问题，都有标准答案甚至是唯一的标准答案（甚至在今天，研究生考试，都必须将标准答案出好，以备教育行政部门检查，如果检查中发现老师判卷有不符合标准答案的地方，就要按失职处理）。当年是科举考试的内容成为学校（私学）教育指导，而今天同样的指导也发生在高考和中学教育之间。现在，虽然大学毕业生不再天然具有“国家干部”的身份，但学校与高考运行机制和内容，却是青山依旧。

废科举这件事已经过去了一百多年，科举蒙羞了一百多年，它留下的伤痕也让我们痒了一百多年。在这期间，西方的学说我们不知引进了多少，知识更是添加到了不知爆炸了几回的地步，可是，我们的智慧好像还在原地打转。当年现代性的变革骨子里是传统的套路，今天却也海棠依旧，甚至并没有红肥绿瘦。一百多年了，觉得自己走了很远，走来走去，才发现其实还在古人的迷局中没有绕出来。

复古思潮的童声

眼下，读经是一种夹杂着反对声的小时髦。伴随着读经的呼吁，各种形式的私塾竞相出现。新私塾虽然也号称读经，但多半是些蒙学读物，《三字经》《千家诗》之类，或者干脆就是学点文言文和古诗词，真正读四书五经的非常罕见。自新中国成立以来，老的私塾虽然不断有孑遗被发现，但每次发现，都会伴随着一次剿灭。我在新华社的内参里，发现过不少这种“发现—剿灭”的痕迹。2002 年，因一个偶然的机缘，我发现了湖南平江乡村还存在的老式私塾，披露后，虽然没有随之剿灭，但这最后的私塾却在学者、官员尤其是媒体的众目睽睽之下咽下了最后一口气。前些日子，当年陪我一起在平江调查的彭以达老人，介绍一位从上海去到平江办私塾的人来找我。言谈之间，虽然我对这个富有献身精神的年轻教师很是佩服，但也明白了，他办的私塾，其实已经以教英语和电脑为主了。

过去的私塾都要读经。虽然，有的村塾掺杂着教一点儿跟经不太沾边的日用杂字，但不读经的私塾却从来没有听说过。读经当然有程度的差异，“一日三行读大（学）（中）庸”的有，一上手就读《左传》的也有；将“郁郁乎文哉”读成“都都平丈我”的可能不一定有，但读错别字的三家村学究肯定少不了；但有一点是相同的，凡是私塾都要读经，在读经过程中进行文字训练。读经和文字训练的目的，当然跟科举考试有关，但并不单是为了科考。离我们最近的王朝清朝，一般情况下人口是三亿上下，进过私塾的人上千万，可以算得上读书人的至少有上百万，而科举的金字塔，进士不过每三年取三百个左右，每年万分之一的几率；举人稍多一点，各省多则上百，少则几十，大体上也是三年一取（另有恩科），录取比例也相当小，三年不满千员；在秀才档次，各地的学额，清初每年大县四十，中县三十，小县二十（大中小县以人口赋税和文风计算），再加上府学和额外的客籍、商籍、土籍（少数民族）等名额，每县平均不到四十，以后虽然有所增加，但相当有限。可以说，绝大多数从私塾出来的读书人，根本跨不进科举的门槛。“虽书香世家，能获一衿，已属不易”。柳亚子家是吴江名门，百多年来每代都能出一两个秀才，颇得当地人尊重，其高祖为此刻一印曰：“有福读书。”陈独秀考中秀才，马上说亲者络绎登门，若干年后，他跟北大的同事蒋梦麟谈起此事，还开玩笑，说蒋是策论秀才不值钱（录取名额多），而他是制艺秀才（有读经工夫的）值钱。所以说，对于私塾这种古代社会的主要教育形式而言，科举只能算是这种教育几率很小的一个出口。如此狭窄的出口，如果私塾的功用仅仅局限在这上面的话，会使得大多数的人丧失了进私塾学习的热情。事实上，跟我从前所设想的不一样，私塾的功能，其实并不限于培养科举的预备人员，更重要的是为乡村社会的日常生活提供仪式和精神方面的资源。

我们知道，私塾的日常功课之一，是学习对对子。从一字对、二字对一直对到十几字。原来我以为这种学习是八股文和帖试诗的写作准备，后来才发现，实际上，对对子的工夫，主要施展在农村的百姓日用上。逢年过节、婚丧嫁娶和各种名目的祭祀活动，甚至一般性的应酬往来，对联在其中都扮演了一个很重要的角色。无论是春联、祭联、喜联、挽联,都是“对课”的用武之地。写出来的东西不仅要对仗押韵,平仄妥帖,而且要对景，用现在的话来说就是“量身定做”，只有这样，写的人和被送的人才感到欢喜和踏实。有的地方，元宵灯节时的灯，也有“经”的内容。张岱在《陶庵梦忆》里就曾提到绍兴有一种“呆灯”，上面画四书故事和相关的灯谜。习字（毛笔字）也是私塾的功课之一，从红描到临帖，其过程跟学习对对子一样艰难。这个过程，一般也是被视作科考的准备。据说，不仅写得一手好字的人应童子试就占便宜，甚至到了殿试场合,名次的高下,也基本上是看字的好坏。不过,即使传说都是确实的,但对于大多数在童子试前就被挡住的读书人来说，展示自家书法的机会，还是在日常书信和写对联上。对子是要贴出来，或者挂在墙上的，字必须要像样，能挂得住，在大家品头论足之间，无论哪个书写者都不会掉以轻心。即使对子对得好，但一笔字差了点儿，总是羞于见人，只好再用功，如此这般，无意间造就了中国书法深厚的民间土壤。

私塾学习的文字内容，从《三字经》《千家诗》《纲鉴》到四书五经，在某种意义上是为这种写对子提供了文字内容。在传统的各种形式的对联中，除了少量恭喜发财的内容外，几乎所有对联的内容，都绝对符合儒家伦理所体现的正统意识形态。显然，这跟乡绅的倡导和私塾的教育不无关系。

在陆续进行的田野考察中，我发现，眼下中国相当多的农村，对对子的传统依然残存。多数地方，一般是过年的时候才能见到对联，有少数地方在婚礼和丧礼上分别能见到喜联和挽联。过年的时候，由村里人自己写春联的和到集市上买现成春联的，大概各占一半。而自己写春联的地方，大多由受过点儿旧教育熏陶的老人包办，其中，有些地方还保留了上辈传下来的对联本子，上面罗列了一些各种场景该用的对子，写的时候照猫画虎就可以了。而有的在外面工作过的老人，则喜欢自撰新词，或者新老交用，由于水平有限，往往写得半通不通的。只有在极少数一直残存着私塾的偏僻山区，比如湖南平江、浏阳一带，对子才既写得好（字与文俱佳），又对景，而且在各种仪式中都存在；人们在写对子的时候，一般都是自己创新，以照抄老本子为耻。一般说来，对于农民，春节写春联的习俗有着非常强固的生命力，只要还有点儿心气，家里还过得去，几副春联是过年必不可少的点缀和装饰。如果春联是自己家人或者亲戚写的，被问及的时候会感到十分的自豪，脸上泛着得意的微笑。我上大学的时候，同宿舍的一个岁数很小的同学，每到放寒假前夕，就会抽出时间来胡练一阵毛笔字，说是好过年回家给乡亲们写春联。其实他既不懂什么叫对仗押韵，也不会写毛笔字，但他说，村里只有他一个大学生，如果不会写春联，会让乡亲们笑话的。

在新中国成立后的很长一段时间里，写对子，有时还是那些被推翻阶级唯一被保留的“特权”，因为在很多农村，只有这些人才写得一手好字，懂得拽文。在平江农村，每当有扫盲任务的时候，一些从前的地主就会变成扫盲班的教师，实际上等于变相地办私塾。贵州安顺的天龙镇，有位黄埔军校毕业的国民党前军人的郑姓老人，当地的很多对景而又漂亮的春联，大多出自他和他的学生之手。据他讲，在过去的岁月里，只有到了过年写对联的时候，他才感觉自己像个人。

春节贴春联，是从桃符转化而来的民俗，由原来带有巫术意义的画符，演变成具有明确文字意义的祝福（当然，桃符原来的画面也还保留，变成了门神），而且这种祝福，一般都富有儒家伦理的含义。这种转换，既体现了儒家伦理对巫术民俗的渗透和改造，又是两者奇异的结合。这种结合，使得儒学的观念非常好地成为百姓日用的工具。

儒学经典在民间的日用，还体现在农民日常仪式和调解活动两方面。

过去农村的婚丧嫁娶以及年节祭祀，都要有一定的仪式。这种仪式，就是儒家所谓的“礼”。不过，儒家经典《仪礼》和《礼记》上规定的礼仪，是不下庶民之礼，跟农村百姓日用之礼，有很大的距离；两者不仅有繁简之异，而且在于农村的类似礼仪，掺杂了大量民间巫术和宗教的成分，变得很不“纯”了。以丧礼而论，不仅仪式上有僧道的念经超度，而且装殓和入殓过程也充斥了巫术的程序和理念。不过，尽管如此，这些礼仪在主导方面仍然是儒家的，不仅精神上保有儒家“慎终追远”之主旨，而且只要有条件，必须请儒者前来主持（喊礼或者点主）。一般来讲，尽管各种仪式内容混杂，只要不是刻板的道学先生，乡绅们是不会拒绝参与的。因为他们知道，一般的老百姓，恰是通过类似的礼仪活动，才能够更深切地体悟到儒家礼治所要求的长幼尊卑之序，直观地明了上下、尊卑、昭穆这样的概念，甚至可以说对礼有了某种肌肉的记忆。礼仪的混杂，对礼恰是一种有利的情势，也许正因为民间这种不纯的礼仪，才使得农民对之拥有更加强固的亲和力，因为来自巫术和宗教的成分，同时满足了农民对于祈福趋吉衷心的心理追求。

民间的调解，是乡村日常活动中不可或缺的成分。民间纠纷是日常的节目，完全没有纷争的社会是不存在的。而在古代社会，诉讼是不被提倡的，民间有了纠纷，按约定的习惯，是首先要找人调解的，或者是族中长辈，或者是邻居好友直至乡绅或者其他地方精英。如果不经民间调停而直接讼于官府，应该属于某种反常之举。即使进入诉讼程序，如果是“婚户田土”之类的“细事”，官府首先还是要进行调解，即进入黄宗智先生所谓的“第三域”。在正式判决之前，官府和原被两造谈判博弈，乡绅和其他的乡村精英在此期间也势必要居中起作用。无论是官方的调解还是民间的调解，纠纷调解是民间日常生活得以维持的关键性环节。

对于民间和官府调解的研究，现在已经有了一些，但其机理却还是不很清楚。比如，调解的说词是什么？或者说，调解用的是什么工具？这个问题，往往被人忽视。多年游幕，曾经做过地方官的汪辉祖曾说："且讼之为事，大概不离伦常、日用，即断讼以申孝友、睦姻之义，其为言易人，其为教易周。"（汪辉祖：《学治臆说》）意思是说，要想调解到双方撤诉，无非是申明儒家伦理的说词，即私塾所读的经里的内容。其实，海瑞处理亲族之间诉讼的原则："与其屈兄，宁屈其弟；与其屈叔伯，宁屈其侄(《海瑞集》)。"主旨也无非是孝友忠信。明代的名士张瀚处理一件兄弟争产案件时，采用的那种将兄弟俩枷在一起的非常手段，号称使他们朝夕相处，顾念亲情，最后撤诉，虽然既愚蠢又残忍，其实也是出于儒家伦理的考量。显然，调解时拿"孝友、睦姻之义"来说事，不仅"为言易人，其为教易周"，而且容易为乡里舆论所接受，为上官所赞许。当然，除了道德说辞之外，官府调解还应该有律例的内容，即在讲大道理的同时，申明法律，让原被两告明了利害所在，以便主动撤诉。

官方的调解如此，民间的调解也是如此。由于调解人往往是那些"知书达礼"者，甚至是当过地方官的乡绅。所以，他们的调解话语，也无外乎孝悌仁义这一套，即使其他类型的精英从事调解，也大体离不开这些话语，只不过，他们的语言相对要俚俗一些。当然，正像官府调解包含有法律的内容一样，民间的调解也包含有其他的成分，人们在进行调解的时候，往往会分析事情的利害关系，讲一些人情常识和日用道理，甚至掺杂一些因果报应之类的半宗教、半巫术的说教。一个成功的乡间调解人（和事佬），往往善于将各种文化资源天衣无缝地混杂在一起，交替使用。不过，尽管如此，儒家经典里的内容，依然是主脑。

在中国的古代社会，儒学是百姓日用的东西，经过私塾这个中介，通过宗族、乡社的活动以及婚丧嫁娶、年节祭祀的仪式，日常生活、民俗信仰与儒学经典的精神水乳交融，难分彼此。儒家伦理和学说，固然不仅仅是学者象牙塔上的清玩清供，也不仅仅意味着上层的意识形态和统治工具。

中世纪的中国农村，教育的普及程度之高，是令外国研究者吃惊的事情。更令人吃惊的事情，是民众对儒家伦理牢固的亲和力。正是这种亲和，使得任何一种形式的统治者，都得对孔子礼敬再三，连进军过程中对孔子像夹脸一箭的蒙古人，坐了江山之后，依然要祭孔如仪。需要特别指出的是，农村社会农民对文庙（孔庙）的冷淡，其实主要原因在于，文庙实际上是个官方设定的“禁区”，那里被最大限度地神圣化和清洁化了。祭孔成了官员和绅士的特权，老百姓根本不可能涉足，时间一长，他们自然就不去那里了。同时，由于所谓的儒教一直处于某种半宗教的状态，孔子和孔门弟子，一般也不是人们祈祝的对象，香火不旺也是可以理解的。不过，虽然百姓祈祝的香火都投向了其他的神庙，但据调查，在古代中国的农村，每个村庄街道的主轴线上，都是宗祠的所在，神庙，只能建在侧线上。而宗祠的活动，我们知道，基本上是按照儒家伦理的精神进行的。

眼下，读经和私塾都有复兴之势，不过，我想说的是，我们要意识到，在过去私塾和读经盛行的时代，在私塾和读经之间，还存在着很多东西。

历史旋转中的命运

在现今的中国农村，尤其是南方农村，宗族的复兴已经是一个潮流，修族谱、建祠堂的热闹，连一些革命多年的老干部也卷了进去，不仅乐此不疲，而且带着莫名的兴奋。虽说跟从前的宗族相比，山已不是那座山，河也不是那条河，连祠堂门外的狗都不是那条狗了，但毕竟族谱修了（而且印制成册，出版发行），祠堂盖了，祖宗牌位供起来了，甚至连族长都选出来了。

对待宗族的态度，国内学界已经有了很大变化。原来一提到宗族复兴，言里言外，多少有点“沉渣泛起”的意思，总是习惯用“把持”、“干扰”这种词来形容宗族的作为（在谈及村民选举时尤其如此）。现在除了少数立场特别坚定的人之外，多数研究者都看到了宗族在社会整合、社区建设和公共产品的提供等方面的作用。前不久在江西召开的有关宗族的学术讨论会上，美籍华人学者蔡莉莉用非常地道的政治科学方式，证明了在同样的经济文化条件下，有宗族的村庄和没有宗族的村庄，其公共设施存在很大的差别。可在国内学者看来，这已经是常识了。当然，这的确是常识，在中国古代的相关著述和国外有关社会学和人类学的论述里，中国的宗族就是十这个的，而不是我们印象中的“鞭笞”、“沉潭”、

"封建压迫"之类的丑恶。应该说，复兴之后的宗族，在兴办公益方面已经大不如前，但基本的功能还是保留了下来。这是每个肯下去调查的人，只要不带偏见，都能看到的。可是，常识虽是常识，让学者回归常识，需要经过很长一段路。

1949年以来，在土地改革中，宗族是非常明确的被打击对象。族长即使没有多少田产，也要被划为"公堂地主"，打入阶级敌人行列。土改过后，宗族组织被判定为阶级压迫的工具，一概强行解散。新建立的农村组织，是以阶级为标准划圈的，革的就是以血缘宗亲为基础的旧社会组织的命，或者说，就是要打破农村血缘和地缘的旧日纽带。在改革开放前，如果有农村干部敢修复祠堂，恢复祖宗牌位，轻则丢官，重则要治罪的。再往前推，大革命时期，毛泽东《湖南农民运动考察报告》里，就有压迫束缚农民的"四大绳索"之说，族权就是其中之一。苏维埃时代，土地革命在打土豪分田地的同时，也革了宗族的命，族长如果不赶紧跑的话，多半命是要丢的。1930年，李立三当家，硬要全国的党员发动暴动，江苏农村的党员被逼急了，滑头一点儿的半夜到祠堂里把祖宗牌位偷出来，丢到茅坑里，老实的干脆一条绳子把自己吊死在族长家门口，都算是暴动了。看来，基层农民党员，很自动地就把斗争的目标指向了宗族。

其实，共产党人对宗族的反感，最早启于"五四"运动。早期的中共领袖，大多是"五四"新文化运动的健将。"五四"反传统的主要内容之一是伦理革命，宗族组织是革命首当其冲的目标。虽然，我们在"五四"一代人的主张和诗歌小说中，看到的往往是"家族"这个字眼，但中国的家族，跟宗族往往分不太清。批判甚至控诉旧传统、旧家族，是一代"五四"青年最为热衷的事情。最激进的时候，他们甚至走向无政府主义，号召取消家庭，取消名字（消除姓氏所代表的宗族血缘印记），互相以代号相称。周恩来的笔名伍豪，实际上来源于他当年觉悟社时的代号“五号”。

在中国现代化的进程中，宗族不言而喻是属于旧阵营的事物；对于向西方靠拢的现代进程而言，宗族跟封建大家族是一个意思，代表着落后、保守、顽固、束缚和压迫，属于前进道路上的障碍。实际上，在任何时代，那些有志有为，多少有点不安分的青年，叛逆的目标都往往指向家族。《红楼梦》里贾宝玉这样的人物，许多大家族都会出上一两个。家族既是他们的庇护所，也是令他们生厌的所在。只是，当年宝玉们拿不出什么像样的理由来公开造反，只好当面唯唯，背后撒野。而“五四”的青年却有了来自西方的理论，来自民族复兴的大道理，作为他们的借口，可以堂而皇之地举起反传统的旗帜，向家族、家长和宗族张弓放箭。他们的行动非常彻底，从家长一直反到族长再反到孔夫子或者大总统。陈独秀虽然自己说由于年幼失怙，他没有资格组织仇父团，但如果他有父亲的话，他跟父亲的关系未必会相处得好，至少他的文字会令父亲大人很不舒服，让他的家族的长老更不舒服。显然，对于所有叛逆青年来说，家长的压迫、家族的束缚，是有切肤之痛的。革命者恰恰都是叛逆者，如果有正当的理由，没有什么能够阻碍他们把切肤之痛化为公然的反抗，进而演变成革命的理论。从这个意义上说，中国的革命，其实跟中国的现代化进程，方向是一致的。

当然，新中国成立以后之所以肃清宗族，背后还有现实需要的拉动。革命旗帜下的现代化，是一场立体的现代化，需要强力的社会动员。后发现代化的国家，往往趋向于通过超常手段、便捷的途径，赶超先发国家，深度的社会动员，就是其中的应有之义。人们所需要的，其实不仅仅是对社会的强力控制，还要求每个人都竭尽所能，为国家民族做贡献。为实现这个目标，文化改造、社会改造和人的改造这三大改造是必不可少的。也就是说，中国的革命，绝不是简单的夺取政权的问题，而是场涉及民族文化和社会结构的深度变革。在这场变革中，原有的农村社会文化结构是要被颠覆的，这意味着原来以血缘、地缘为纽带的农村社会结构要被割裂重组，以外来输入的阶级标准重新排列组合。组合之后，原有的等级秩序依然，但等级划分的标准变了，等级的顺序也颠倒过来了，然后所有的一切都依附在国家意志上面，成为现代国家机器的齿轮和螺丝钉。在这个改造过程中，宗族不言而喻地处在被摧毁的境地。事实上，不彻底地摧毁宗族组织和相关的文化，农村的社会改造就无从谈起。

自然，无论是“五四”情结的作怪，还是革命的现实考虑，都导致在革命的话语中，宗族原本负面的劣迹，诸如“鞭笞”、“沉潭”、“干涉婚姻自由”、“阶级压迫”之类的话题，格外地活跃起来。说是“妖魔化”当然也无不可，只是这种话题其实也是实有其事，并非有意编造。正如当年的“五四”青年对大家族的切肤之痛是真实的一样，革命运动中对宗族的批判，也并不虚妄。可惜的是，青年终究会变老的。当领袖们将青年时代的梦想，注入社会改造的行动中去的时候，人民公社和“大跃进”的实践，让农民分男营女营集体居住，在公共食堂吃饭，集合出操，排队上工，把改造推向了极致。可是，人间天堂的试验，结果却是一场特大的灾难。

试验的结束，梦醒了，不管梦里有没有合理的成分，但人们毕竟掉在了冰冷的地上。革命以来形成的农村社会结构虽然未必马上瓦解，但已经出现了裂痕。关键是，在国家权力退缩、意识形态淡化的前提下，这个结构不再能如常地整合社会（尽管有些专断），如常地提供公共产品（尽管层次很低）。于是，陈年的历史记忆重现了，因为历史永远是人们现实行动的资源之一，在一些传统依然有根基的地方，宗族的复兴浮出了水面。亲不亲，阶级分，已经成为历史旧账，人们发现，靠阶级弟兄改善不了自己的生活状况，传统的血缘、地缘关系，却一直显示出令人依恋的可靠性。所以，大家再次有亲靠亲，依托血缘组织，改善自己的生存状况。宗族的复兴，如果套用西方的国家与社会理论的话，就是在长期有国家没社会的状况下，国家逐步退出，而处于组织真空状态的农民，采取的一种取之传统资源的自救行为。

严格地说，虽然孙中山先生一直诟病中国人是一盘散沙，但从古至今，中国农民实际上是不能没有组织的。尽管其组织的程度可以松紧不一，组织形式可以各种各样，但组织肯定是存在的。因为作为以农耕和贸易为主要生活内容的人群，没有组织是不行的。农民在用水灌溉、房屋修建、生活娱乐甚至日常耕作方面，都需要合作和互助。农村社会的民间组织是百花齐放的，有各种各样以互助为目的的会与社，也有各种半宗教半娱乐的香会、花会，还有自卫性质的看青会、联庄会和各种武会。当然，数量最多，规模也最大的，还是宗族和宗教组织。事实上，血缘纽带和信仰纽带是农村各种民间组织的基本组织线索。宗族和宗教组织本身自不必说，就是那些看起来跟血缘或者信仰没有关系的组织，包括第三社会的帮会组织，都有亚血缘和亚宗教的性质（比如洪帮，有关帝信仰，有按照虚拟的血缘纽带排列的帮会结构）。事实上，目前农村自发产生的民间组织，还是在血缘和信仰两条线索上发展最为广泛，也最为迅速。

宗族的复兴浮出水面，有些人感到忧虑，有些人感到兴奋，也有些人操心如何让它们变成现代社会的非政府组织。但无论怎样看待它，都必须面对这样一个事实：它的复兴，不是发生在大宋朝或者大清朝，而是 20 世纪的末年和 21 世纪的初年，恰好赶在了一个中国从来没有过的现代化高潮的浪峰上。城市化的浪潮，迅猛地吞噬着乡村，中国的东西南北，内地和沿海虽然差异巨大，但受城市化的波及却是无一幸免。绝大多数农村，都程度不等地面临着衰败的宿命。如果说，在清末和民国的现代化浪潮中，乡村中出现了精英离乡的困境，那么，在此次浪潮中，不仅精英离开了，而且连同村里的绝大多数青壮年男女也离开或者半离开了。由于精英和骨干成员的常年或者季节性缺席，宗族的活动，不可能十分充分。更为重要的是，宗族生存的文化条件，或者说跟宗族相伴而生的话语环境已经基本上不复存在了。我们说传统中国是个礼俗社会，以知书明礼为核心的礼俗运作，跟宗族活动是你中有我、我中有你的两个泥娃娃，离了哪个都会有麻烦。自科举废除以来，新教育和新文化的推行，已有近百年之久，除了极个别的地方，农村中已经没有什么知书达礼之人。因此，传统习俗在卷土重来的时候，由于没有礼的支撑，显得散乱不堪，支离破碎。在宗族活动中，拿什么来举行仪式，拿什么来协调族人，似乎都成了麻烦事或者尴尬事。眼下，尽管有好事者在鼓吹复兴儒学或者国学，甚至组织小孩子读经，但这些东西毕竟还是城里人的小热闹，什么时候能到乡下，到了乡下能不能管用，都还是个问号。现在，有的地方，农村宗族已经在寻求新的话语资源方面做了些尝试，比如在族规民约里，写上了“三个代表”。但是，这种来自庙堂之上的理论，能否变成农民日常生活的操作性话语，估计还需要很多思量和力气。而农村中精英的散失，为这种新话语的整合与吸纳，造成了更多的困难。

当然，出路也是有的，古代社会宗族文化是由乡及城走过去，而现在则有可能外面的精彩由城及乡走过来。我们已经看到，在有些地方，城里退休的干部和工人回到乡下，已经成为宗族和其他民间组织的骨干；城里的某些文化因素，已经因此而进入了宗族活动之中。随着城乡之间的高度互动（打工者的定期来回），宗族组织的新资源输入，想必不是问题。虽然，最后宗族的演变会越来越呈现出非驴非马的面目，但它们会对农民有用，而且能持续地生存下去，这就是好事。

皇权下的围观政治

菊花肃杀皇帝伤

皇帝的天下差不多都是凭刀枪打下来的，可是差不多像点儿样的皇帝都喜欢弄文作诗。刘邦当年不过一亭长，大队干部而已，斗大的字能认识几个都说不准，可是人家也有大风歌：“大风起兮云飞扬，威加海内兮归故乡。”虽说比薛蟠的哼哼调强点，大抵也就是不识字的王熙凤“一夜北风紧”的水平，可是历代都夸好，说有帝王气象。不过，拿皇帝跟皇帝比，刘邦的诗还就是不错。近一点儿，就说乾隆的几万首歪诗，挨个排过去，没一首能赶得上当年刘亭长的。

早就听说当年的放牛娃朱和尚也作过诗，一直没福见到，见到以后吓了一跳，原来是首咏菊诗，诗云：“百花发时我不发，我若发时都吓杀。要与西风战一场，遍身穿就黄金甲。”虽是标准的薛蟠体，但却霸气得紧，听口气就是天字第一号，任谁都不怕，而且还要把别个干掉。不过诗意却好像似曾相识，仔细一想，哦，原来黄巢也曾经有过类似的货色：“待到秋来九月八，我花开过百花杀。冲天香阵透长安，满城尽带黄金甲。”这首诗，在过去那个特别推崇农民起义的年月里，曾经非常吃香。黄巢跟朱元璋一样，都是农民造反的头儿，只是命不太好，仅仅做成了个草头皇帝。草头皇帝也是皇帝，皇帝抄皇帝，跟学者抄学者一样，本是自然之理，那时候又没有版权的说法，抄就抄了，断不会有好事者出来在媒体上说三道四。

本来，菊花秋艳，并没有杀掉百花的意思，要论杀气，本是秋风的事。自古以来，平头百姓家闺女，名菊叫兰的不知凡几，大户人家的婢女，被赐名秋菊者更是不知有多少，大家看到的其实都是菊的妩媚柔顺。大概只有黄巢、朱元璋这样舞刀弄枪，一路杀奔龙廷，夺了鸟位的人，才会赋予菊花杀百花的意义。实际上，这种寓意只是他们自家心理的一种投射。霸气和杀气，对于这些刀口舔血的人来说，本是应有之义。只是，令人奇怪的是，怎么两个大男人，而且都是舞枪弄棒的粗人，作起诗来，都以花来自喻？难道他们不能把自己比点儿别的什么？尤其是那个朱元璋，居然抄袭前辈笔意，可见对以菊花自况境界的向往。

按传统的周易解说，做皇帝的，都占个乾字，属于至刚至阳的东西。同样按传统，花无一例外地属于至阴至柔、属坤字的女人的象征。不过，中国文化，总是势不可挡地要展现出自己阴柔的特性。不仅是审美方面，人们评价一个男性的美，总是以状若好妇来比喻，而且在政治甚至战争中，往往推崇斗智不斗力的境界。狠毒配上阴柔的工夫，才是谋略的善之善者；走刚猛路线的，只配叫作一勇之夫。如果碰上晏子，用两个桃子就能杀掉三个人。黄巢是个不第书生，在自命是李耳后裔的唐朝皇帝治下，估计读过老子，读没读过韩非子很难说；而出身放牛娃，并在庙里混过的朱皇帝，肯定两者都没看过。不过，这并不耽误他们使阴招，弄诡计。比起来，什么都没有读过的朱元璋，活干得更漂亮，得天下十几年，就把昔日一起打拼的老兄弟杀得干干净净，连一点儿反抗都没有，古今中外，谁能做得到？

一个菊花，也被弄得这般阴鸷和戾气。碰上了皇帝和草头皇帝，任它什么东西，都只好自认晦气。

禅让的艺术

禅让是中国古代传说中，只有圣贤之君才能操练的一种继承之法。不过传说毕竟是传说，按顾颉刚的说法，古史是层累堆积起来的，传说中实行禅让的尧舜，这两个人事实上有没有还是个问题，更何况禅让？即便是有，按另一些人的说法，也不过是因为这些贤君，其实不过是部落酋长，或者部落联盟的领袖，工作操劳有余，实惠不足，所以乐于让出来。不过，虽然禅让的事实，在历史上很可能没有，但禅让之名却很有市场。很多篡权夺位的家伙，最后让那个倒霉的前朝君主让位的时候，都喜欢排演一场禅让的大戏，臭脚和捧臭脚的一起搭台子上蹿下跳，最终的结果是，那个野心家羞答答喜滋滋地坐在了龙椅上。

所以说，所谓的禅让，实际上不过是抢劫，抢了人家，还要让人家说是自己乐意给的。当然，也有所谓的内禅，就是老皇帝还活着的时候，把位置传给自己的儿子。内禅也有两种，一种是老皇帝自己情愿的，一种是被逼无奈。被逼无奈其实跟被别人抢了差不多，只不过抢的人是自己的骨肉，听起来感觉好一点儿。自己情愿的内禅，多半是名让暗不让，所以等于没让。所以，事实上，禅让基本上都是有文化修饰的抢劫。

不过，世界上总会有白乌鸦存在，中国这么大，历史又这么长，例外偶尔也会有那么一两个。战国时期的燕国，就发生过这么一个例外。那时的燕王叫哙，此公志向高远，但就是才能不那么相配。当然，从内心深处说，他跟当时的战国七雄一样，都有超出国境的愿望，不仅期望有更大的地盘，而且还想有更大的名声。他的相是子之，也是王族的嫡系，虽然没有很大的本事，上任以来政绩平平，但此人却跟燕王哙一样，野心不小。只是，比较起来，燕王哙对名声的追求，有时近乎痴迷，而子之在这方面，却有相当清醒的头脑。于是，一件荒唐事发生了。一天，一位说客（那个时代盛产这种人）来到了王宫里，对燕王哙说：当年尧曾经要把天下禅让给许由，许由不答应，结果尧得了禅让之名，又占了天下之实。大王何不效法尧，禅让给子之，如是，大王之实无损，大王之名将会如日中天。

现在已经无法考证，到底是这名说客自己发神经一逞三寸不烂之舌，还是受人指使有意而为之。反正燕王哙接受了说客的建议，真的将王位让给了子之。可惜，子之没有像传说中的许由那样清高，他接受了王位而且真实地占有了它。好在，燕王哙还有一个好儿子，燕太子平不像他父亲那样糊涂，而且手里还有一定实力。于是，子之和燕太子之间一通混战，齐国又趁火打劫，于是燕国大乱，在大乱中，哙和子之都去见了他们的祖先。最后，燕人拥戴燕太子平即位，就是大名鼎鼎的燕昭王。面对残破的国家，燕昭王用千金买马骨的绝招，招来了乐毅，南下伐齐，连下七十余城，差点没有把偌大的齐国给灭了，狠狠报了当年的一箭之仇。当然，这已经是后话了。

现在我们知道了，禅让不仅有抢的含义，还有骗的内容。抢的时候比较好理解，对方实力雄厚，想不交出来根本行不通，乖一点儿说不定还能保住小命。骗的时候，占有者一方其实没到山穷水尽之时，甚至实力上的优势尚存，之所以吃人骗了，关键是自家太贪，没有自己搬块镜子照照，就妄学古人。

禅让在本质上跟天上掉馅饼一样，是不可能的事情。如果真的有谁告诉你有了，不是骗局就是闹剧。可是，世界上就是总有那么一些人，硬是喜欢把头望着天或者低头看着地，指望有意外的惊喜。怎么办呢？随他去吧，要不骗子吃什么。

傀儡“二分法”

三国时，魏国倒数第二个皇帝高贵乡公曹髦的事，差不多地球人都知道。罗贯中的《三国演义》，写到诸葛亮死后，全没了创作的激情，基本上在照着史书抄，所以演义的后半部分，基本上等于《三国志》，曹髦跟司马昭拼命的故事，就是其中之一。

按道理，像曹髦这样的皇帝，本属一介标准的傀儡，他所能做的，只能是老老实实按照牵线人的意思，摆摆样子，最后等时机成熟了，识趣地把皇冠交出来。碰上牵线人兴致好，也许后半生可以落个富家儿的生活，在这方面，前朝的汉献帝已经作出了样子，作为后来者，依样画葫芦便是。可是，曹髦不肯，他愤愤了，说是司马昭之心，路人皆知，不能坐以待废，于是挺剑而起，率领百十个仆从搞自杀性袭击。结果还没有见到司马昭的影子，就被司马家养的——什么呢？只能算家丁吧，当街一枪穿了个透心凉（“刃出于背”）。

说起来，悲剧的发生，儒学多少也有点责任。虽然没有留下著述，但曹髦的确是个对儒学有造诣的人，史书上说他“少好学，夙成”，其言不虚。做了皇帝后，曹髦最喜欢的事情，就是跟臣子们论经说道，周易说罢讲尚书，尚书讲毕论礼记。入太学，每事问，经常把那些博士们问得一愣一愣的，嘴巴张开了合不上。乃祖曹操，是个不论忠孝的实用主义者，挥金如土，杀人如麻，到了重孙子辈却变成了寻章摘句咬文嚼字的儒生。当儒生也就罢了，君子动口不动手，坐而论道就是，偏是有皇帝身份的人，是做不成儒生的，君臣大义之类的说教听多了，无论如何都是个刺激。现实的卑微，与道理上的尊贵，形成了巨大的反差，对于一个年纪不到二十岁的年轻人来说，能刺激出什么冲动来，真是不好说。况且，曹髦对自己的挺剑而起，还是有点儿自信的，以为真到了真刀真枪冲突的当口，司马昭会碍于道义，未必敢杀他，所以他说："正使死，何所惧？况不必死邪！"

显然，血气方刚的曹髦已经忘了（至少在冲动的时候忘了），其实不仅司马昭之心路人皆知，司马昭之势也路人皆知。经过父子两代人的经营，曹家的天下，早就姓了司马。人们本是由于屈从司马家的势，才故意装作看不见司马家的狼子野心，因为这种屈从，小可以换来阖家平安，大可以换来富贵尊荣。那些不屈从的，则一个又一个地丢了性命，从举兵造反的诸葛诞，到放浪形骸只会弹"广陵散"的嵇康。儒家的君臣大义，在政治领域，本来就是胜利者秩序稳固时的精致讲究，一旦时局转换，就当不得真。当曹髦准备跟司马家玩命，找来商议的近臣中，只有尚书王经劝了几句，其他的人一言不发，会一开完，就赶紧溜出去给司马昭报信，好让司马昭有足够的时间，找来一个肯当街"弑君"的傻子，从根上了结此事。就是这个王经，虽然并没有跟着曹髦去搞自杀性袭击，只因为没有首告，居然被夷了三族，以曹家太后名义出的诏令，给的罪名是"凶逆无状"。

自然，那个结果了曹髦性命的家丁成济，也得被牺牲掉。因为不管怎么说，儒学的面子还是要给点儿的，表面文章必须做，因为以后司马家坐了天下，总不能让人说其曾经公然容忍当街弑君者。虽然成济得到的命令明确来自“司马公”，但最后结账的时候，一切都算在了这个可怜的家丁头上。这个头脑不清的武夫在被抓捕时非常愤怒，公然拒捕不说，还跳到房上，大肆散布政治谣言，进行反革命宣传，以至于不得不将之乱箭射死。

可惜的是，曹髦的自杀性袭击事件，尤其是收尾善后工作的过于粗糙，还是给司马家后来的统治带来了一些麻烦，整个事件成了晋朝的一个疮疤，提都提不得。两汉除了西汉前期之外，基本上是经学的天下，在那个经学氛围极浓的情况下，士大夫为了表现自己的孝义忠节，可以无所不用其极。那个时代，当然也有弑君的事情，但都是密室里偷偷干的。魏晋时期虽然经学已经式微，但在公开场合，大家依然在装忠臣孝子，所以，在大街上把皇帝公开杀掉，无论如何都是件非常尴尬的事情。晋室南渡之后，王导给东晋的司马睿讲起这段往事，居然令这个偏安的小皇帝掩面而泣，进而怀疑起自己王朝的前途来。

看来，作为皇帝，即使是傀儡皇帝，如果非要不守本分玩命的话，麻烦也是相当大的。作为一贯的统治意识形态的儒家伦理，在曹髦被穿了个透明窟窿的同时，也出现了窟窿，而且继位者又没有及时修补，大家都装作没事似的。晋朝政治，过于迷信物质收买，迷信自家宗亲血缘关系，开历史倒车地把宗室分封为有实权的藩王，跟意识形态的这个窟窿不无关系。自秦汉以来，只有作为社会普遍道德的儒家伦理岌岌可危的时刻，人们才会特别迷恋于血亲，把自己龟缩在自己血亲关系的小圈子里，信不着亲人之外的任何人。显然，对于一个官僚帝国来说，这种龟缩无疑等于自杀。西晋王朝其兴也勃，声势浩大，然而却二世而亡，个中道理，也许就在这里。

文人的舌头

文人的舌头是惹祸的根苗,也是谋生的工具。姑不论众多三家村学究、私塾的教书先生,无日不赖这根舌头为自家换取衣食,就是那些混到庙堂之上的士大夫,无论晋升还是保级,舌头都是离不了的。我们曾经有过游说得官的年代,那时候的张仪,在被人暴打一顿之后,醒过来后说的第一句话就是:我的舌头还在吗?有了舌头,就挡不住人家滔天的富贵。后来得官之途改道了,从推荐变成考试,但做官的人,还得要会说话。

做官首先要建言,对政务提出建议和看法。建言当然可以通过文字的方式,但开会的时候,总要说话,这时候面对面的对话,显然更要紧些。其次是拍马,拍马也一样可以有文字的形式,但直接拍,当面拍,毕竟立竿见影,喜笑颜开。其三是"忽悠",想办法让别人相信你,同意你的看法。这当然非得直接而且当面才会有效。

不过,但凡要说话,就有风险,马屁也有拍到马腿上的时候。某些居心叵测的皇帝,比如朱温和朱元璋,还经常设套引诱臣子来拍,然后安个欺君的罪名杀了。比如朱温就曾经跟臣子说,柳木做车轴好。臣子马上附和道:当然好。朱温马上大怒:你们玩我,柳木怎么能做车轴,车轴必须用枣木做！于是附和的倒霉鬼就真的变成了鬼。至于建言和忽悠，危险就更大，尤其是面对君主的时候，伴君如伴虎，不知道什么时候碰了哪根龙须，人家龙颜大怒，自家吃饭的家伙就没了。所以，清朝的三朝元老曹振镛说，做官要多磕头，少说话。少说话还是得说，为了防止说错，唐朝的苏味道告诉你要“模棱”，含含糊糊，藏头缩尾，到处留下活扣，见机行事，看风转舵。这些说话的“经验”，一提起来大家就痛心疾首，大批特批，说实在的，其实这些招数，多半是皇帝老儿逼出来的，又要让人说，说错了就要挨整，不想点辙可怎么混呢。

最惹祸的舌头，是跟领导过不去的那种。上司说东，他偏说西，上司说西瓜好，他偏说南瓜也不错。中国文人因为管不住舌头活生生就下了割舌地狱的，不知有多少，但是，不吸取教训的，就是断不了根。这样的人，大体上可以分为两种，一种是自己觉得皇帝做的不对，给皇帝提意见的，学名叫诤谏；一种是自说自话，发非常奇异可怪之论，不仅皇帝听了不顺耳，连一般人听了都受不了。第一种比较常见，在明朝之前，朝廷里设有专门官员，专职干这个。但别的官员如果想要说点儿什么，在理论上也是可以的。这种事情，平常往往不显山不露水的，只有在非常时期，或者赶上了非常之人，就动静特别大。比如东汉后半段，外戚、宦官换着专权，把官爵拿出来当街叫卖，于是自命清流的士大夫受不了了，前赴后继地出来说话，太学生们也跟着起哄，闹学潮，一浪接一浪，害得朝廷不得不动用专政工具，打的打，杀的杀，抄的抄，赶的赶。明朝中叶以后，宦官再一次专权，这一次更厉害，干脆做了“立皇帝”，士大夫又嚷了起来，结社集会，不依不饶。当然朝廷也更有办法，干脆扒了裤子当廷打屁股，一直打到稀烂，断了气。

然而，真正令统治者感到不舒服的舌头，是那种虽然未必就具体的朝政说三道四，但是却对统治意识形态不敬的，所谓，“得罪名教”者。

东汉的王充，非孔刺孟，由于当时法网不严，让他滑了过去。接下来孔融仗着自己是圣人之后，混说什么父子之间有什么亲情道义，当爹的制造孩子，当初无非是出于情欲，而子之于母，就像瓶子里面盛东西，东西出来了就两不相干。结果被曹操办了，连家中未成年的孩子，一并提前见乃祖去也。明朝的李贽，读了几本佛经，就混说乱道，说《论语》《孟子》无非是圣人门下的懵懂弟子胡乱记的笔记，有头无尾，残缺不全。更令人不堪的是，虽然历代都儒表法里，行申（不害）、韩（非）之政，但却不能说破，偏这个李贽，公开说申韩的好话，硬是扯下了政治的遮羞布。于是，李贽在古稀之年，被捉将狱里去，断送了老头皮。清朝文字狱最盛，但绝大多数无非是皇帝自己神经过敏，白日见鬼，只有吕留良、曾静案，才是真的“大逆不道”。吕留良在讲学中高扬民族大义，鼓吹反清，虽然未必得罪名教，但在华夷之辨上，戳了雍正皇帝的肺管子，于是，已经死掉的吕留良被挫骨扬灰，吕氏一族，满门抄斩。

看来，文人最大的祸患，在于有一条不合时宜，而且又能说出点名堂的舌头，把这样的舌头割了喂狗，天下就太平了。

魔术政治学

在中国的佛教传播史上，有两个人功劳最大，由于他们翻译的佛经数量巨大，所以又被称为古代的翻译大师。这两个人，离我们近一点儿的是玄奘，远一点的是个外国人，名叫鸠摩罗什。鸠摩罗什来华的时代，是魏晋乱世，那个时候，虽说理论上佛教已经东来，但实际上并没有生根。好在乱世给了这种很能给人心理治疗的宗教，一个传播的好机会，而外来的传教人也大多有点儿除了翻译以外的本事。

人们都知道鸠摩罗什是个翻译家，我们现在看到的许多佛经都署着这位大师的大名，但是，在那个时候，鸠摩罗什给人的印象，却是个法术无边的魔术大师，在乎他翻译的人，反倒没几个。人们信佛，尤其是东晋时期北朝的统治者信佛，在很大程度上，在于大师魔术的征服力。那个时候世界还没有出个捣乱的拳王阿里，人们不明白魔术其实跟神通法力没有什么关系，固执地相信，那变幻莫测的魔术，是神通广大的佛的力量在起作用。

不过，即使是被人们视为佛的化身的鸠摩罗什，也没有想到，为传播佛法而弄的玄虚，居然给他这个出家人带来意想不到的“好事”。那时，北朝后秦皇帝姚兴，也是鸠摩罗什大师的信徒之一，这个胡人皇帝，对鸠摩罗什佩服得五体投地，一天忽发奇想，打算为大师做点儿什么。当他有了主意之后，派人请来了大师，对大师说，你这么聪明，没有老婆，种子怎么传下去？只听皇帝手一拍，十个美女从幕后走了出来，不由分说，姚兴强将这些美女塞给鸠摩罗什，让大和尚离开寺庙，另拨房舍居住，一点儿价钱都不许还。

不知为了佛教传播的大计，大师不得不委曲求全呢，还是大师到底也是血肉之躯，扛不住诸美女的强力诱惑（那个时候的鲜卑女子，雪白而且艳丽，根本没有汉人的礼法讲究，开放得近乎放肆），反正作为出家人（比丘）的鸠摩罗什笑纳了皇帝的美意。至于是安享艳福了呢，还是像《三国演义》里的关云长一样，将美女关在后院，看也不看一眼，则不得而知。不过，更大的可能是前者，因为这么一来，后秦的众多和尚不免心猿意马，再也打不住禅了，大家纷纷提出性要求，说你是大师享受十个，我们有一个两个总是可以的。面对和尚们的群体性事件，大师很镇定，将众僧集合起来，对他们说，我现在手里有一把针，你们谁能把针吃下去，就可以跟我一样，做不到，大家还回去老老实实打坐参禅。众僧面面相觑，谁也不说话，只见鸠摩罗什把针一口吞了下去，面不改色。大家见了，自叹弗如，既然享不了那个艳福，回去念经去吧，也顺便保住了自己的清誉，没有让寺院变成花和尚的大本营。

当然，鸠摩罗什的绝活，其实是魔术。这种魔术，今天即使是档次最低的魔术师也变得精熟，可是在当时，却不仅骗来了美女，而且慑服了众多的僧人，维持了寺院政局的稳定。无独有偶，一千多年之后，临到了中国人晦气的时代，西方洋人打上门来，欺负起来就没个完。突然之间，某些中国人感到愤怒了，从家里的箱子底里翻出了些据说是祖传的宝贝，说是可以让洋人的枪炮打上穿不透，甚至干脆就把它们闭住，对此，大家多少有些将信将疑。于是，高人们站出来了，要给大家露一手看看。台子搭好了，这边一人持枪，那边一人袒着肚子，一番舞弄并演说后，拿枪的这个，终于抬起了枪，瞄准了那个露肚皮的，说时迟那时快，只听一声枪响，这边枪口冒了股青烟，那边露肚皮的手里多了一颗弹丸。原来，放枪的枪里是空包弹，而弹丸早就在接枪的人身上，枪一响，则到了手中。又是一个变魔术的。

这回魔术的政治作用可大，绝非当年吞针可比，不仅稳定了义和团的军心，而且动员了千千万万个老百姓起来杀洋灭教，跟洋鬼子对着干。只是戏法虽然变得高明，但义和团毕竟不能真的刀枪不入，被动员起来的老百姓，当真的碰上洋鬼子的真枪真炮的时候，还是一个个地倒下去。

看来，政治就是政治，把戏法给掺和进去，可能有一时之效，一旦坏事，就坏大发了。

神仙与皇帝

天上的神与地上的君王，哪个大？如果问中世纪的西方人，答案无疑是非常明确的，虽说上帝的归上帝，恺撒的归恺撒，但天上的神高于人间的君主是不容置疑的事情。任何一个君主，即使像拿破仑一世这样跋扈的家伙，加冕的时候也要由教皇代表上帝来给他戴上皇冠。可是，在中国，这个问题就比较复杂了。中国有很多的神，还有仙，以及来自佛教的佛和菩萨，虽然细讲起来他们之间是有差别的，但在普通中国人眼里，这些东西都是些超人的家伙，都差不多，江南的农民一概名之曰菩萨。但凡是个神仙，就有点超乎人类的本事，不仅可以长生不死，而且可以福人祸人（不然人干吗要去求他们呢）。而皇帝虽说威势赫赫，但毕竟跟一般人一样，也会生老病死，不然干吗一个接一个地驾崩。可是，在现实的社会生活中，皇帝就是大于神仙，而且不仅大一点点，连西来的佛祖也不能例外，必须服从皇权。

我们知道，故宫和颐和园里都有专给帝后演戏的上、中、下三层戏台，戏台之所以有三层，大抵是为了展示天上、地面和地下的世界。每逢皇帝生日，祝寿戏总是要演的，在这些戏里，神、仙、佛祖外加菩萨罗汉之类的角色是断然少不了的，每出戏到结束时，最热烈的场面是，上、中、下三层戏台上，所有的神仙，甚至连外来的佛祖都一起向皇上叩首祝寿，三呼万岁。戏台上的神仙拜皇帝，不仅仅是戏子们献媚，也是社会现实的写照。中国的神仙，一半是宗教的神职人员通过“专业化途径”制造的，一半是老百姓土法上马炮制出来的。有的来源于人间的英雄人物，比如关帝（关羽）、文昌帝君（张恶子）；有的来源于动物，比如真武大帝（龟蛇）；有的来源于山川河流，比如东岳大帝、河伯；当然也有一些是老百姓胡乱造出来的，比如江南的五通神、五猖神。有的时候胡制乱造虽然也有根据，不过，由于造的人不讲究，结果往往很荒唐。比如有的地方有五撮须相公庙，不用说，供的神叫五撮须相公；经过考证才发现，原来所谓的五撮须相公，是伍子胥。还有的地方有杜十姨庙，里面有大姨、二姨等一系列女神，共十位；然而仔细考证才知道，原来这个庙是供杜甫的，杜甫曾经当过左拾遗的官，所以又被称为杜拾遗，老百姓弄不懂拾遗是个什么东西，以讹传讹，最后变成了十姨。

不管这些神仙是怎么造出来的，如果得不到皇帝的加封，名气就大不起来。比如妈祖，原来不过是福建民间的一个不大的跟渔船航运有关的神，只因诞生不久，赶上南宋偏安东南，因此很快得到“皇封”，而且逐年封号升格，最后升到“天后”，结果成了中国沿海各地最有名的神仙。关公也是如此，如果不是偏爱《三国演义》的满人皇帝入关后的大力加封，他也不至于变成“大帝”，变得比他的主公刘备还有地位。

中国的神仙接受皇帝的册封，就像皇帝麾下的文臣武将受封领赏一般，说起来好像有点儿别扭，但中国的现实就是如此。神权小于皇权，而且不只小一点儿。当初佛教初入国门，和尚们还有点儿“洋脾气”，宣称“沙门不敬王者”，可是没过多久，就心平气和地对皇权低眉顺眼地称臣了。高僧大德，如果能够被皇帝封为国师或者上人，都是值得所在寺庙几代夸耀的事情。

中国的政治权力，即使在古代，也是法力无边的，连神仙也要让上三分，不，十分，而且神权还要得到政权的承认。

皇帝称谓变革史

中国的皇帝据说是最威严的，这种威严一方面与中国长期的专制历史有关，一方面与我们特有的学术文化有极大的干系。后者已经是大家公认的事实，如果没有法家和儒家书生们的捧臭脚，以及理学的滥觞，皇帝不大可能像后来那样高耸入云，直至被罩在可望不可即的烟雾中。

在秦以前，中国还没有皇帝只有“王”或者“天子”的时候，王不过是诸侯的共主，很像是各国联盟的主席，权威相当有限。夏朝号称有万国，商的诸侯也有上千，周的属国最少，据说也有八百，实际上夏商周都不可能真正控制这些属国，近的还能去巡狩一下，远的也就随它去了。都说周幽王是周朝由盛转衰的转折，昏庸的周幽王为博爱妃一笑，烽火戏诸侯，最终还断送了自家的小命。不过，仅仅被天子戏弄了几次，诸侯就敢不发兵勤王，可见天子之威也不过尔尔。

春秋战国是个礼崩乐坏的时代，有时候，感觉世上最牛气的不是五霸或者七雄，而是身怀文武艺的士人，奔走于诸侯之间，谁给的钱多、爵高、位重，就给谁干。合则留，不合则走，此处不养爷，自有留爷处。双方在绝大多数情况下都是客客气气的，更多的时候反倒是处在臣子地位的人更不客气，常常直言不讳地让诸侯下不来台。

秦始皇据说很神气，可惜昙花一现，现在已无从考证其朝仪的盛与简。接下来的刘邦就很不像样子，打了天下以后，众武夫在朝堂之上就喝酒撒泼，大呼小叫，甚至拔剑击柱，就差没有把殿堂拆了。还亏了儒生孙叔通为他制朝仪，才让这老儿过了皇帝瘾，得意扬扬地说，我今日才知道做皇帝是这么神气。再也不提当年拿儒冠撒尿的事儿。

中国的皇帝制度是从秦始皇开始的。还在战国后期，脚一跺天下乱颤的秦王已经嫌称王不过瘾了，于是就有了秦国与齐国并称东帝西帝的提议，不知天高地厚的齐王还真的动了心，亏了"义不帝秦"的鲁仲连居中游说，这事才算拉倒。在灭了六国，将一群六国的嫔妃都收到咸阳之后，秦王嬴政再也按捺不住地飘飘然了起来，他无论如何也不肯再做王了，牛气冲天地吩咐几个臣子给他议个配得上他的旷世奇功的名号。现成的马屁哪有不会拍的道理，丞相王绾和廷尉李斯大概翻了几天古书，终于在传说中的半神半人的"三皇"那里找来一顶大帽子，说是三皇中最神的是泰皇，建议嬴政自称"泰皇"。然而嬴政并不满意，他从"泰皇"那里取了个"皇"字，再从五帝那里取来了"帝"字，合成一个非驴非马的"皇帝"（其实就是关公战秦琼）。跟着"皇帝"的还有一大堆讲究：皇帝自称"朕"，命为"制"，令为"诏"，皇帝的大印叫"玺"，走到哪儿叫"幸"，包括跟女人睡觉。嬴政自称始皇帝，"后世以计数，二世三世至于万世，传之无穷"。

皇帝的名号虽然打出来了，但是皇帝之尊的威严却不是一天就可以确立的。后世所谓的君主专有的称谓，像"君"、"朕"、"万岁"等，在汉朝还是大家胡称乱叫。郡太守关起门来自称"君"，将自家的衙门说成"本朝"如何如何，好像也是司空见惯。顾炎武曾提到，"汉时有以郡守之尊，称为本朝者，尹宙碑云，纲纪本朝是也。丹阳太守郭旻碑，君之弟蕘，归葬旧陵。东观汉纪云，岁旦，郡门下掾奉觞上寿，吏皆称万岁"。

显然那时的人们并不认为这样做不妥，不然就不会刻在石头碑上，否则岂不是“石”证如山，明摆着让人抓小辫子吗？

时代虽然进入了汉朝，但毕竟分封制在中国已经实行了几千年，郡太守虽然不过是王朝的地方行政官员，但人们依然习惯于把这些在一方说一不二的人当成诸侯来看。加上郡里的属吏又往往是太守一手提拔起来的，所以，郡县里的曹掾们对于他们的长官确实有君臣之义，当国家真正的君主与他们的顶头上司发生矛盾时，他们向着谁还真难说。像东汉末年那样只把太守当回事，甚至为之死节，而将皇帝置之度外的情况，也许并不是一天造成的。北宋的苏洵曾经说过：“古者诸侯，臣妾其境内，而卿大夫之家，亦各有臣，陪臣之事其君，如其君之事天子。其后诸侯虽废，而自汉至唐，犹有相君之势者，其辟署之权，盖犹足以臣之也，是故太守刺史，高坐堂上，州县之吏，拜于堂下。”看来这真是有道理，可惜此老说这话时，太守们早已风光不再了，人们说话也再不敢口没遮拦。

帝王之尊，其实是渐积而成的，制度的日益致密，越来越强调“强干弱枝”，地方的权力不仅日见其小，而且受到种种限制：皇帝与臣子之间，在礼仪上前者地位日见其隆，后者日见其卑。阳崇儒家，骨子里却笃信法家的历代帝王们，更倾向于把自家罩在神秘的迷雾之中，与臣子们保持距离。当然臣子们也很凑趣，除了几个异端分子之外，大家一窝蜂地起哄“尊王”，弄得至少在读书人眼里，皇帝越来越神，到了韩愈喊出“天王圣明，臣罪当诛”的时候，大家说话就必须小心翼翼了。

宰相的座位与权力

所谓宰相的座位，不是说宰相家里或者官邸里的，而是宰相在上朝时的座位。我们已经习惯了在古代题材的影视剧中，看见不论是什么朝代，上朝时所有的大臣，包括宰相在内规规矩矩地分班肃立，而皇帝则高高在上，踞坐在龙椅上，听大臣们低眉顺目地奏报。这些场景无疑又气派又好看，但却不都是真的。

在宋朝以前，上朝时宰相是有座位的。魏晋之前，三公就是宰相，“三公坐而论道”，上朝没有坐的地方哪儿行呢？皇帝坐得，他们也坐得。东晋第一个皇帝司马睿登基，居然要拉丞相王导与他同坐龙床（那时候还没引进椅子），丞相不仅有座，而且要和皇帝平起平坐，引得外间纷传：“王与马共天下。”这种君弱臣强的局面一直维持到南北朝结束。隋唐兴起，皇帝虽然牛气了许多，但执政的宰相依然不弱，这个时代以尚书、中书和门下三省长官为宰相，这些宰相们在朝堂之上依然有座位，而且可以跟皇帝争三争四地唠叨。

宰相们的地位高，权力大，责任也重。有时候，赶上个天灾人祸，什么大旱啦、涝灾啦、地震啦，宰相也要负责任，丢掉乌纱。就算是皇帝不下令免职，知趣的，自己就悄然隐去。因为自古传说，执政者是要承担调和阴阳之责的，有灾异，古人就认为是阴阳不协，原因是宰相没有做好工作，所以他们要丢乌纱。

宰相没上朝座位，据说始于宋太祖赵匡胤。有的说法是赵匡胤陈桥兵变，黄袍加身，正式登基的第二天，从后周继承下来的宰相范质上朝奏事，开始还坐着讲，正讲着，赵匡胤突然打断他说，你先不用讲了，把文稿拿给我看看。范质遂起身把文稿捧给他看，赵匡胤说，我老眼昏花，你再拿近一点儿。范质就又凑近了一点儿。等皇帝看完了，范质再想坐下，却发现椅子已经没了。原来趁范质站起来的时候，皇帝悄悄让宦官把椅子搬走了。范老儿也没有办法，只好站着。从此以后，宰相上殿就再也没了座位。这种说法多少有点儿玄，把赵匡胤说得像个市井无赖，或者乡下的顽童，居然在朝廷上干这种骗人起立偷偷撤椅子的勾当。如果要是真的话，那么范老先生说不定会来个大屁股蹲，非闹得朝上大乱不可。赵匡胤虽然是武夫军汉出身，对读书人却还尊重，头脑也相当清楚，想来不至于当众这样胡闹。

比较起来，另一种说法似乎更有说服力，说是范质自以为是前朝旧臣，不是赵匡胤的亲信，所以宰相当得不踏实，因而自我贬损，主动要求上朝不设座，不上茶。赵匡胤也就顺水推舟，以后遂成定例。然而，范质的马屁并没有保住他的地位，不久宰相就被那个号称“半部论语治天下”的赵普取代了。

从此以后，宰相乃至全体朝臣们的地位就每况愈下，明清连宰相也不设了，皇帝老儿自家一个人既做皇帝又当宰相，用今天的话来说，就是既是国家元首又是政府首脑。自家忙不过来，就找人帮忙，于是有了内阁，清代将内阁虚置，另设军机处。内阁和军机处虽然干的都是过去宰相的事，但地位却有天壤之别。从官制上讲，这些机构都是临时性质，人员都是从别的衙门中抽调过来的。所有人的本职都是原来的官，他们入内阁或者入军机处，本质上不过是给皇帝做幕僚，出出主意，打打下手，没有丝毫的专断处置之权。从工作程序上讲，有宰相的时候，各地公文先经过宰相，然后再报皇帝，宰相处理公务的时候余地较大；而内阁军机时代，所有公文先经皇帝，然后下发内阁与军机处处理，主动权完全掌握在上面。所以，阁老与军机大臣非但与从前的三公不能比，就是与宋朝没了座位的宰相也比不了。赵普当宰相的时候，有时赵匡胤想要添置点儿东西，赵普不点头，就什么也添不成，气得赵匡胤哇哇直叫，说我没做皇帝的时候，想买什么就买什么，现在做了皇帝，反倒不如从前了。

从明朝开始，这种宰相的风光就再也不能出现在内阁的大臣们身上了，倒是某些宦官可以有近似的威风。明代原本帮皇帝打点儿笔墨的司礼监秉笔太监，由于皇帝的昏庸和懒惰，居然取得了代皇帝批奏折的“朱批权”，成了“立皇帝”。朝臣们包括内阁首辅大臣，上朝议事只能“跪奏”，在朝堂之上，想站着说话必须有皇帝的恩准才行。皇权的地位，在臣子们的“五体投地”中达到了最高点。

红颜祸人与红颜祸国

女祸是中国历史上为正统的史学家所痛心疾首的事情。一般来讲，女祸，大多是指人主为女人所惑，以致干了许多倒行逆施，自己祸害自己的事；比如商纣之于妲己，周幽之于褒姒，夫差之于西施等一长串帝王和宠幸的女子。好在人们很快就已经知道了，这种所谓的女祸，不过是为蠢男人和昏男人开脱的一种借口，所以渐渐地高唱女祸论的人少了起来。只是老百姓抓住不放，依然是坚定的女祸论者，民间戏剧里的“王帽子”（帝王）每每被西宫娘娘迷得五迷三道的，每每拿忠臣开刀。

然而，虽然将板子全都打在女人的屁股上，并不很让人信服，但认为女人低能和道德低下的成见，至少在传统社会里还是很有市场的。由于巫术思维的作怪，人们甚至还认为，女性掌权是一种不祥的征兆，所谓“牝鸡司晨，惟家之索”。实际上，这种成见是维护父系宗法制度的一种必然的社会意识。在任何社会里，只要某种社会意识足够根深蒂固，那么它自然就会变成一种人们行为的根据。在传统政治制度的选择中，人们一直非常注意避免女人进入政治中枢，尽可能不给女人在政治结构中留下任何位置。

但是，所谓人类毕竟是由男人和女人两大部分组成的。女人的地位无论再怎么低，她们也是整个社会人群的一半，所以，无论男人们怎么样煞费苦心，也没法完全堵住女人介入政治的渠道。皇帝的妈和皇帝的老婆都是女人，当皇帝怕他妈（也可能有俄底浦斯情结）或者怕老婆（包括小老婆）的时候，或者特别喜欢他妈和老婆时，女人干政恐怕就不可避免了。自汉以后，历朝历代都宣称以孝治国，以至于炮制出了《孝经》和《二十四孝图》。当老皇帝早死，小皇帝年纪尚幼，或者即使年纪不小但性格懦弱时，如果正好赶上皇帝的妈又有足够的政治野心，事情就非麻烦不可。当妈的非要出来说三道四，碍于“孝道”的大帽子，谁也拿她没辙。传统的政治制度规定不许女人干政，但却没有，也没有办法规定，一旦女人以皇帝的母亲的面目出现来干政的时候，做儿子的应该怎样制止她。汉武帝曾经采取了一个非常残忍的下下策，每立太子的时候，将太子的亲生母亲杀掉。这个一直让许许多多冬烘的老先生称道的举措，实际上惨无人道之极，那个被处死的钩弋夫人之所以要死，只因为她为皇帝生了一个让他还满意的儿子。这样做，实际上给儿子留下了一个孝道上的大难题，杀母的仇人是父亲，一个孝字掰成两半，怎么想怎么做都是错。大概由于这种原因，后来的君主再也没有勇气效法前贤（晚清痛恨西太后的稗史“史官”，竟然说咸丰也有过效法汉武帝对付钩弋夫人的遗诏，虽然说得解气，其实根本就不可能），所以太后临朝也就繁衍不绝。东汉孝道讲得最凶，太后临朝称制的也最多。

至于由于皇帝怕老婆而导致女主当家的，历史上虽然不多，但确实轰轰烈烈地存在过。隋文帝害怕独孤后，不唯在女色方面缩手缩脚，国家大政如果人家想干涉的话，他老兄也得听几句；小儿子把大儿子从太子宝座上挤掉，据说就有皇后的功劳，因为独孤后特别讨厌男人有新宠，而太子恰恰过不了美人关，于是小儿子就如是这般地在老妈面前下蛆。当然，比起唐高宗李治来，隋文帝还真是小巫见大巫，怕老婆怕得不够水平，人家武家大小姐做皇后的时候就敢跟皇帝平起平坐，并称“二圣”；丈夫一伸腿，居然连国号都改了，自己做了皇帝，让以后的所有大男人都忘不了她。

女人干政好不好，如果按传统当然不是好事，书云：“牝鸡司晨，惟家之索。”说女人干政就跟母鸡打鸣一样，是不祥之兆。当然，这只是男人为维护男权统治的一种借口，其实没那么回事，那些著名的女主像吕后、武则天，都没有给国家带来什么不寻常的灾祸。女人干政治虽说不见得比男人干得更好，可也未必就比男人更差。至少，我们可以很负责任地说，在中国历史上，最昏庸最残暴的统治者并不是女主。太后临朝也不尽是目光短浅的妇人之见，历史上也不乏为人为政都不错的太后。比如东汉章帝时的马太后，留给后人的口碑就相当好，在后世的史家看来，她甚至比章帝这个大男人要高明得多，也贤明得多。问题是，女人在政治上的作为，实际上是与男人无法类比的，用现在时髦的话来说，就是两者根本就不是站在同一个起跑线上，岂止不在一个起跑线上，简直差了十万八千里。那个时代的女人，参与政治的机会对于绝大多数而言，几乎是等于零，有“为祸”朝政可能的，也就是数量非常少的那一群人。而这些人挣得到这种地位，恐怕有相当的因素在于其容貌和风姿，凑巧才干、智慧和机遇外加容貌都非常出色的那么几个脱颖而出，怎么可能与浩浩荡荡的帝王将相衮衮诸公相比呢？尽管如此，出了一个武则天，也够让男人吓一跳的了，而且这一跳一直到今天还在颤动。

应该说明的是，无论是太后临朝，还是女皇帝出山，都丝毫不意味着女人地位的提高，甚至都不能说是女人真正意义上的主政参政。她们不过是以男人的方式，按男性世界的规则来进行统治。有些太后的背后实际上还有许多男人（外戚，即她们的娘家人）在操纵。如果不按着男人世界的规则行事，那么她们连一天也统治不下去。其实她们这样做也并非有意为之，只是一种无形压力下的惯性动作，连号称雄才大略的武则天也不例外。武则天自己当了皇帝，也的确把自己当成了皇帝，而且是当成了男性皇帝，她不仅在上朝时要像男性皇帝一样发号施令，在后宫也要如男性皇帝一般地享受，包括性的享受。当臣子对她的性生活提意见时，她绝无一般女人一触即跳的暴怒，而是心平气和地接受了，因为一个男性好皇帝也会允许臣下就这方面的事进谏的。如果不是掉进了男性规则的陷阱里不能自拔，聪明如许的武则天怎么会在继承问题上死活想不开，硬是让“居心叵测”的大臣们给绕了进去。传给武家人吧，虽然“皇姓”传下去了，但那只是自己的侄子，非亲生骨肉，世上断没有祭祀姑姑的道理；传给自己的儿子吧，自己倒是可以安享血食，可大周的天下就又姓李了，真是两难。其实，只要换一个思路，这种所谓的两难就根本不存在了，把皇位传给女儿，然后让她姓武，以后世世代代都按母系传承，如此大周也保住了，武家天下也可以延续了。当然，在整个中国都是父系世界时，就她这一家这么干，即使贵为天子，也势单力薄，无力回天。况且，武则天根本就不可能想到这一层。男性规则的逻辑已经将所有女性套牢了，即使聪明如武则天，也跳不出来。

皇帝与太子的错位关系

明代文人笔记中有过这么一个笑话，说是有位官拜太子洗马的京官，出京公干，途经一个驿站。驿站的驿丞见来了位“洗马”，没当回事，不但与之平起平坐，还问这位他心目中的弼马温：“你平时在京里，一天洗几匹马？”洗马大人脾气很好，居然回答说：“没准，闲了就多洗两匹，忙了就少洗两匹。”

当然，太子洗马不是洗马的，说起来与马一点儿关系也没有，这是太子东宫的属官，负责管理书籍文书，在明朝是从五品的京官，属于东宫官属中的重要官员。由于太子就是将来的皇帝，太子的属官，就有可能是未来的权要。所以，非出身翰林的人，一般进不了东宫的门槛，东宫的官不但牛气，而且清高。所以，小小的驿丞把太子洗马当成“弼马温”，实在是大大的不敬。

所谓东宫的官属，是帝王确立储君制度以后才出来的。也就是说，当帝王从他们的后嗣中选出了接班人，并要加以专门培养时，才有了东宫及其属官。民间经常把皇帝所有的儿子都称为“太子”，以至于有“大太子”、“二太子”、“三太子”这种叫法，其实是不对的，只有被确定为法定继承人的皇子，才可以被称为太子，当然老百姓乐意这么胡叫，也没办法。据说乾隆下江南的时候，碰到山野农夫，只管皇帝叫老爷，乾隆要想怪罪，大臣说，这里的百姓管菩萨也叫老爷，乾隆也只好罢了。

既然太子是要子承父业，那么首先是要对他进行一点儿“职业教育”。所以，从西周开始，围绕太子，就出现了太子太傅、太子太师、太子太保，以及少傅、少师、少保这样的官，这些官全是太子的老师，负有教育、引导和保护太子的责任。当然，太子还有一些随从，其中一种叫先马，意思就是太子出行的先导官，后来，先马演变成了洗马。所以，如果从渊源上讲，洗马还真与马有点儿关系。

统一天下的秦始皇非常自信，觉得自己即使不能长生不老，羽化成仙，也会活个百八十岁，尽管出海求仙的徐福一去不回，依然自信满满，所以一直没有张罗解决接班人的问题。结果游山玩水死在路上，尸体跟一车老臭的鲍鱼混着运回了咸阳，皇位稀里糊涂地就落到了那个连马和鹿也分不太清的二儿子胡亥手里。

正经八百地建立太子制度的是西汉王朝，汉高祖刘邦的太子不仅有师傅、属官，还有“宾客”。当刘邦想要废了太子刘盈时，恰是张良出主意让刘盈请出了号称“商山四皓”的四个老头当宾客，才最终息了刘邦废长立幼的念头。因为刘邦曾经花大力气请这四个人出山，可是没有结果，现在让儿子把他们抬了出来，可见儿子势力之大，地位已经不可动摇。

太子的“师”、“保”和宾客都是太子的老师，在过去的时代，天、地、君、亲、师并称为“五达尊”，至高无上。也就是说，老师与皇帝和爹娘老子一样尊贵，学生见老师是要磕头的，有时还不止磕一个。虽然实际上老师的地位不可能真的那么尊贵，古往今来，嘲骂老师的人比比皆是，很少有因此而获罪的。作为“后备”皇帝的老师，就更不好摆“五达尊”的架子，但是，能给太子当老师，毕竟是有点儿不同寻常。非权尊位贵、德高望重之辈，很难坐到这些位置上。久而久之，太子的“师”、

"保"几乎变成了皇帝赐给有功大臣的荣誉头衔。这样一来，这些官衔原来含有的教育、引导职责就大打折扣了。在多数情况下，给太子讲学的苦差事就落到了一些文苑之臣的头上。教太子读书是彻头彻尾的尴尬事，老皇帝要求要严，而小皇子则一味地放纵，教书的人，谁也不敢对后备皇帝动戒尺，所以，教太子的人不像是"师"倒真像是"保"——保姆。劝着哄着，让太子好歹学点儿东西，也好在皇帝面前有所交代。不过，话又说回来，如果把后备皇帝哄好了，以后的荣华富贵是享不完的。

太子东宫的属官被称为太子的家臣，首脑为太子詹事。在宋朝之前，詹事府就像一个小而微的政府，管什么的都有，甚至还有一支军队。皇帝是想借此让儿子实习一下政治，也练习一下做统帅，好日后管理国家。

预立太子的目的是想保持王朝持续稳定，理想的作用是使一家一姓的统治传之于万世，而实际的作用则是将王朝的序列排定了，别让人觊觎。但是，现实总是让人不那么顺心，确定了继承人的制度，但继承人却总是难以稳定，做了太子的皇子，其实并不一定最终坐上龙椅。其他皇子的觊觎自不消说，老皇帝的喜怒有时也像六月的天气，难以琢磨。更可怕的是说不定哪一天老子又有了新宠，爱屋及乌，"子凭母贵"，太子的地位也就岌岌可危了。就是这些乱七八糟的都不算，太子也未必安稳。虽然现任皇帝和继任皇帝之间是父子，但现任和继任之间总免不了有点儿尴尬，尤其是太子长大成人之后，小的想要早点儿继位，老的断然不肯让出坐热了的椅子。非但不肯，只要儿子露出一星半点儿"抢班夺权"的迹象，必定会遭到严惩，轻则废了太子名分，重则丢了脑袋。唐太宗李世民的太子李恪，本来很受他老子的赏识，说他"英果类我"，可是就因为这种"抢班"的毛病，丢了日后当皇帝的机会。皇帝与太子的矛盾，也为别有用心的人提供了从中"下蛆"的机会。汉武帝的卫太子，只因为武帝的宠臣江充造谣说，太子和皇后在地下埋木偶诅咒武帝早死，卫太子百口莫辩，情急之下，发兵杀了江充。太子动兵，犯了大忌，自己自然也难逃一死。

当然，事情也有例外，老皇帝尚在就让位给儿子，自己做太上皇的也有。据清代史学家赵翼统计，这种“让贤”的皇帝在清朝之前，一共有 14 位。如果加上清朝的乾隆，那么就是 15 位。不过这其中大部分都是不情愿的，像李世民先干掉了法定的太子，夺了东宫，然后他老子想不让位也不行了。还有的是老皇帝犯了大错，引起了各方面的不满，不得不交出政权，像唐玄宗沉溺女色，荒废朝政，惹出了安史之乱，最后不得不凄凄清清地当没人理的太上皇。心甘情愿的也有，不过有些是假让位。像宋高宗和乾隆，名义上叫儿子做了皇帝，但权力还是抓在自己手里。

在太子和皇帝的冲突中，太子的东宫属官及其机构也扮演着一个角色，当然是一种很尴尬的角色。真要是儿子和老子动起手来，向着谁都不是。这其中以东宫的属军最为敏感，所以后来干脆东宫就取消了军队。

虽然皇帝和太子有着说不清道不明的疙疙瘩瘩，但是东宫的官属衙门却一直保留了下来，甚至不设太子的清朝，依然保留着太子詹事府的机构，白养着一批什么事都没有的官老爷。据乾隆说，是为了给翰林们留个转升的地方。

官衔之外的优越感

在中国古代社会相当多的时间里，翰林一直是个令人羡慕的头衔。明清两朝，科举考试的金字塔的最后一层殿试，凡是名次靠前的都要入翰林。三鼎甲状元、榜眼、探花，按例成为正式翰林，即翰林院修撰与编修，其余的则是见习翰林，翰林院庶吉士。只有极少数的人殿在三甲，却因朝考优异也被选入翰林的，比如曾国藩，还有鲁迅的祖父周福清。

翰林的官衔并不大，除了少数几个侍读学士和侍讲学士是五品之外，其余的概为“七品芝麻官”。但是翰林很牛气，一是表现在“面”上，做了翰林，虽然只是七品也可以挂朝珠，着貂褂，而其他的官只有到了五品方有资格挂珠，三品才可以着貂褂。二则是实惠——升迁特快，前程远大。翰林外放（出京做地方官）被称为“老虎班”，升得特别快，一般正式的翰林经过京察之后，可以直接从七品知县升为四品的知府；几年工夫，如果不出意外，就可以爬到省一级的按察使或者布政使，进而成为独当一面的巡抚和总督。就是见习翰林。考试不合格而外放出京的，升得也比一般进士快一些，因为那些由翰林出身的大员总会对他们高看一眼。就是留在京城的，虽然比起外放的人升得慢一点儿，但只要一进太子詹事府（明代有实事可做，而清代由于不立太子，所以没有具体事务，但机构仍存），用不着“下放锻炼”，几年工夫就可以直接升为各部的侍郎（副部长）和尚书（部长），绝非其他出身者所敢望其项背。翰林出身的人不仅在官场上升得快，而且在多数情况下，只有他们才有望爬到最高层。明代的中枢机构内阁的前身，就是帮朱元璋办事的几个翰林，所以后来非翰林出身的人一般就入不了阁。内阁是明代的最高决策中心，能混上“阁老”，是有明一朝做官的人人都巴望的事情。清代的内阁虽然没有实权，但入阁者地位却最尊，所以人人都看着眼热。同样，不是翰林出身,入不了阁,而入不了阁,死后的谥号,就加不上个“文”字（清代）。清代大概只有左宗棠一个例外，以举人的身份入了阁。近代大大有名的几个人物，像林则徐、曾国藩、李鸿章，之所以被称为林文忠、曾文正、李文忠，就是因为他们都出身翰林，而且有大学士的头衔。而且事实上，清代的实际中枢机构军机处里，满人除外，汉人军机不是翰林出身的也非常少。

翰林还有两个非常的机遇，是其他出身的人所巴望不上的。一是可以教皇子们读书和陪皇帝读书，前者实际上成了皇家的“西席”（私人老师），在对“师道”颇为看重的古代，显然地位非比寻常；后者等于皇帝的清客或者幕僚，地位虽说不高，但是总在皇帝身边，不论大事小事都能说上话。清代翰林如果挂上了“南书房行走”、“上书房行走”的头衔，不亚于一步登天，成为可以接近皇帝的“秘书”，只要对应得当，不愁日后没有高官可做，大轿可乘。清代自打康熙起，皇帝读书的地方南书房就是一个隐形的决策中心，进到里头“行走”一番，自有无穷的好处。翰林的第二种机遇是被派出去当各省乡试的主考和副主考，或者出任各省的学政，主持一省的学校事务。这种差事，实际上是掌握了读书人能否进入士阶层的大门的钥匙，进了门（中了秀才）能不能参加乡试，他也说了算。凡是得了这种差事的人，都尊荣得了不得，主考副主考是皇帝的钦差，各地官员迎送必须是最高规格的；学政虽然品级不高，有的地方甚至就是翰林编修直接去做，但是官虽仅仅七品，到任时总督或者巡抚得亲自迎接，因为他们做的是最清高的学务大事。平时省级官员议事，学政与督抚平行，知府以下均对之持属员之礼，尽管这些人可能都比学政官阶高。因为学政虽然不是名正言顺的钦差，但却被视同钦差。获得这种机遇的翰林，由于干的是主持考试选拔人才的活计，所以凡是由他们选拔出来最后又登第的科甲之士，都算是他们的门生。以后门生出息了，互相标榜，水涨船高，个人的势力就起来了。

在那个时代的官场上，以上诸多好处中哪怕只有一项，也会令人趋之若鹜，更何况一下子有这么多。所以，凡是抱定学而优则仕的人，莫不以进翰林为荣耀，进了翰林，就意味着文理优长，才干卓著。做翰林，不仅意味着今日的清要，而且预示着他日的显贵。然而，翰林这个官衔在开始出现的时候，光景却大不一样。翰林始创于唐玄宗，严格意义上讲，它不是一种官衔，而是一种行政系统以外的差遣，不讲官阶，更没有官署，说白了就是陪着皇帝玩的，因此当时叫翰林待诏或者翰林供奉。唐朝诗风大盛，从王公贵胄到市井歌妓，人人都喜欢吟诗作赋，皇帝自然也不例外。是真的爱好也罢，附庸风雅也罢，找几个诗作得好的人在身边，总是件赏心悦目的风雅之事，所以，翰林中文学之士占了很大比重。大诗人李白就干过这个“买卖”，至今民间还流传着许多关于这位下凡的“太白金星”的种种传奇故事，如李白趁着酒劲让高力士脱靴，叫杨贵妃捧砚之类。是不是真有这样牛气，现在已经无从查对，不过，就算有过类似的事情，大概也是喝醉了仗酒胆干的，醒了以后肯定会后悔。有材料说，有次唐玄宗在便殿开宴，冷不丁地问李白：“朕与天后（武则天）任人如何？”李白答道：“天后任人，如小儿市瓜，不择香味，唯取其肥大者;陛下任人，如淘沙取金，剖石采玉，皆得其精粹。”马屁拍得也可以。李白尽管已经屈尊拍马屁了，但是他所梦寐以求的济世安民、治国平天下的大事，唐玄宗还是一件也不让他沾边。他所能干的，无非是写点儿新诗给皇帝看看，或者像歌德一样，给普鲁士国王改诗——“洗脏衬衣”。最后李白也急了，“天子呼来不上船，自称臣是酒中仙”，恃才傲物过了头，结果自然是“赐金还山”，走人完事。

翰林供奉也并不仅仅只有文学这一类，玄宗时有个叫王如呲的人就“以伎术供奉玄宗”，居然得宠而为女婿求进士及第，玄宗甚至还答应了，只是被主考官挡住了，才没得逞。这个所谓的“伎术”，可能就是魔术杂耍之类的东西。看来，当时所谓的翰林供奉，凡是能让皇帝老儿开心的人都可以列入。李白虽然诗名满天下，但是在唐玄宗那里，其地位和汉武帝跟前的东方朔差不多，一介弄臣而已。正因为如此，李白才可以偶尔放肆一下，皇帝也不会跟他较真儿，从来弄臣都有说话出格的“特权”。看来翰林这种不是官的差使，之所以能够出世，就是因为唐玄宗这个“太平天子”当得太腻，需要找各色人等解闷开心。

《新唐书，百官志》云：“翰林院者，待诏之所也。唐制，乘舆所在，必有文词经学之士，下至卜医伎术之流，皆直别院，以备燕见。”这里的“燕”就是燕飨，即我们今天所谓的吃喝玩乐。也就是说，平时，这些人得“时刻准备着”，皇帝每到想乐一乐的时候，就把这些人召来，雅一点儿的就玩诗，俗一点儿的就吞火走索、变戏法。不光诗赋和伎术，连唱戏的俳优也跟唐玄宗混得精熟，据说，唐玄宗还亲自下场打鼓，至今梨园行还将这位风流天子奉为祖师爷，鼓师的地位也特尊。翰林的这种弄臣身份，直到宋代余风犹存，宋代官制中还有翰林茶酒司之名，与后日的“清要”两个字真是不沾边。

不过，翰林作为纯粹弄臣的时间并不很长，大概是李白还山不久，唐玄宗就开始要那些有文才的翰林帮他起草诏令，批答表疏，将本来属于中书省的活计揽了些过来。也许是因为中书省太忙，以至文书积压，也许是皇帝嫌中书省碍手碍脚，所以把权揽到自己身边，便于控制。显然，第二种的可能性最大。翰林（只能说是某一些）从弄臣变成了帮手，也不好再叫供奉，于是就有了翰林学士的称谓。玄宗之后，随着唐王朝的日益衰落，虽然翰林学士依然是制度外的差事，但事权越来越重，在政治中枢中占据了相当重要的位置。凡任免将相、册立太子、宣布征伐等诸项重大事务，其诏令均由翰林学士起草。这种诏令用的是白麻纸，以区别于中书省起草的黄麻纸诏书。再到后来，干脆由翰林学士来兼中书舍人（中书省具体负责起草诏令的官），宰相也大多由翰林学士出身。几朝过后，翰林原本弄臣的痕迹也没了，终于演变成了我们前面提到的那个样子。

宦官的身体之痛

割人，指的是阉割人。在有皇帝的时代，为了满足皇帝超级多妻而且独占鳌头的需要，皇宫里需要不男不女的宦官。所以，阉割人，成为一门专门的技术，由专业人士独擅，父子相传，有着不尽的好处。那个时候，阉割人的和骟牛骟马劁猪的不分家，彼此混淆，也彼此传经，但据说还是阉割人获利最大。因为到了帝制的后期，宦官基本上不再是罪犯刑余的产品，或者把俘虏强割了充数，已经变成了穷人家自愿将孩子送上来，专门从事的一项职业。在明代，从事这种职业的人，少则几万，多则十几万。

那个时候，这种职业，对于那些揭不开锅的穷人家来说，是一项富有诱惑力的风险投资。宦官就是这样一类很奇怪的人，一方面他们是刑余之人，将男人之所以为男人的东西弄没了，根本性地让人看不起；一方面他们却因此获得了留在最高权力中心的机会。按传统政治的惯例，不管什么人，只要待在权力中心，就对这种权力有影响力。更何况，那些长在深宫里，得不到天伦之乐的皇帝，对于伴他从小长大的宦官，往往有着一种类似父母兄弟的感情，很容易得到异乎寻常的信任，宦官也因此被赋予超乎寻常的权力。也正因为如此，历来的史家，对于宦官大多没有好气，好像王朝的霉运，都是这些不男不女的人捣的乱。

不过，这又是一种利益被过分地夸大的职业。历史自有宦官起（至少西周就有了），累积起来，做宦官的人得有几百万乃至上千万，得脸做得到权宦的，也就是屈指可数的那么几十位。能混上个官职，足吃足喝的也只是金字塔尖上的少数人，绝大多数都是白丢了传宗接代的家伙，落得个卖身为奴。可是，任何带有风险的职业都是这样，发财风光的事情大家都喜欢传，倒霉的事，都装作看不见，心甘情愿地将它遮蔽掉。一个宦官，穷人家的小子，风光的时候可以权倾朝野，像魏忠贤，不仅权高势大，而且可以在士大夫中得到大批的干儿干孙并无穷无尽的阿谀逢迎，简直就是一个恶俗的中国版的“灰姑娘”的神话，更是使得这种传好事遮坏事的效应得到没边的放大。使得某些穷人，前赴后继地将自己家的骨肉送到那见不得人的去处（《红楼梦》里贾元春语），饱受荼毒，只是便宜了那些操刀的手艺人和皇家宫苑。

说起来，阉割就是一种外科手术，做手术就难免痛苦，但只有人的阉割所造成的痛苦最大，至于猪、马、牛，割完之后只要伤口愈合，就什么事都没有了，活蹦乱跳的，但是人，却往往得遭一辈子的罪。其实，不是由于人在生理结构上有什么特殊，而是人的社会文化属性，导致了被阉割者的终身磨难。因为动物阉割去势，只是将它们产生雄性激素的器官睾丸割了就结了，根本用不着将性根一起去掉。这一点，我们的民族至少在汉代就已经知道了，因为我们的《牛马经》上说得很清楚，而且在实践中也是这么做的。但是，那些为了服务皇宫而从事的阉割，不仅割掉睾丸，而且必须将人的男根彻底割掉，连一丁点儿茬儿都不能留，如果有点儿茬儿，就算混进了宫，在日后的例行检查中也要给剃干净了。害得宦官不得不像女人一样蹲着小便不说，而且非常容易小便失禁，下体常年腐臭（正因为如此，宫刑才被叫作腐刑），年纪大了尤甚。所以，宦官无论夏天多热，下身都得用毛巾塞得鼓鼓的。

这样做，实际上没有任何道理，也根本没有必要，唯一的作用，就是让皇帝在感觉上更放心。

历朝历代，宠信宦官的皇帝多矣。甚至连宦官是他爹他妈的肉麻话都能说出来，但没有一个皇帝，肯爱屋及乌下令让宦官少割那么根本没有必要的一刀，从而免除这些人终身的痛苦。

说到底，宦官只是皇帝的奴才，皇帝的玩物。即使像魏忠贤这样势力熏天的宦官，一个刚继位的、几乎是赤手空拳的皇帝，一句话就可以让他灰飞烟灭。宦官之恶，其实就是皇帝之恶，史家多少年的板子，其实是打错了地方。

文人的性情与矫情

书是人类退步的电梯

清末民初，湖南湘潭出了位顶风臭十里的人物，名叫叶德辉。此人中过进士，做过吏部主事之类的官，后来不知怎么弃官不做了，回到长沙做起了乡绅。那年头，做乡绅须有乡绅的规矩，不仅要为乡里办点儿公益，而且行为上也要有点儿讲究。可是叶德辉不，他要做名士，我行我素，爱做什么就做什么。不过，名士放浪形骸，不拘礼法，但却不做坏事害人，可叶德辉这个名士，却什么都做：狂嫖滥赌，他做，抢男霸女，他做，囤货居奇，他做，夺人家业，将孤儿寡母扫地出门，他还做。他不仅坏，而且阴损。戊戌维新那年，攻击变法最疯狂的，就有他一个。不仅对湖南新政大加阻挠，而且还为政变后的反攻倒算，提供了不少黑材料。康有为打着孔子的旗号变法,大家都心照不宣,就他说康有为“其貌则孔,其心则夷”。清朝覆灭前一年，长沙大饥，他不张罗救灾，却乘机囤积粮食，对长沙的饥民抢米风潮，起了推波助澜的作用，被朝廷查办事端的官员，恨得牙根痒痒，如果不是革命来得快，也许就办他了。

进入民国之后，叶德辉顽劣如故，甚至变本加厉，逮谁骂谁，以至于袁世凯时代的湖南督军汤芗铭拿了他，要就地正法，后来还是王闿运在袁世凯面前说了句话，才平了事。那时候，人们提到“劣绅”两字，估计十个人有九个会想到叶德辉。60 岁以后，此老开始钻研房中术，刊印《素女经》，卖火了一把，赚了不少“贩黄”的钱，而且还收买了若干十五六岁的少女，在家里日日操练。不过，吃过汤屠户的亏，叶德辉开始在军阀身上下工夫。此后湖南走马灯似的换主人，你来我往，谁都要给叶德辉面子，尽管国人皆曰可杀，但再也没有官家来动他了。反过来，长沙的“高尚”社交场所，倒总是有叶德辉的影子，一脸麻子，面目可憎，却高谈阔论，嬉笑怒骂，旁若无人。

叶德辉的晦气，是大革命带来的。1927 年北伐军扫过湖南，农民运动风起云涌，湖南半是投身革命的唐生智的天下，半是农民协会的天下。在农民运动的冲击下，原来的乡绅大多变了“土豪劣绅”，威风扫地，被戴上高帽子游街的，不知凡几。按道理，在此情形下，叶德辉应该收敛才是，可是这家伙不，依然说三道四。当时湖南农民协会的首领是柳直荀，就是毛泽东答李淑一词中，“我失骄杨君失柳”的那个“柳”，很是能干，农会搞得十分火热，掌握了省团防局的武装，声势浩大，动辄捉了土豪劣绅戴高帽子游街。那时，四乡农民，经常进城开大会。一次，叶德辉对人说，他为农会拟好了一副对子，上联是:“农运宏开，稻粱粟麦黍稷，无非杂种。”下联为：“会场广阔，马牛羊鸡犬豕，尽是畜生。”横披：“斌尖卡傀。”意思是不文、不武，不大、不小，不上、不下，不人、不鬼。

事情的结局是可想而知的，消息走漏，叶德辉被早就恨死了他的农会抓了起来，公审之后，喂了一粒铜花生米，翘辫子了。闻听叶德辉被抓，章太炎发了个电报来求情，说此人固然该杀，但念他是个读书种子，还是饶他一命为好。但电报到的时候，叶已经去西天多时了。

当然，章太炎的说法也不错，叶德辉人虽然坏，却真是个读书种子，不仅书读得多，而且藏书特丰，近代书家，谁人不知景梅阁（叶的藏书楼名）？叶德辉的目录学兼读书札记的《书林清话》，直到今天，依然是此行当的必读书。只是，能读书而且有见识，却掩不了叶德辉的恶行。湖南农运，过火的行为不少，但杀叶德辉，却是他罪有应得。晚清绅士劣化，叶德辉要算是典型，在他身上，反映的是一个转型时代社会中坚层的某种带有典型意义的趋向，只要有转型的形势，类似的堕落就免不了。

革命·诗·酒·佛·女人

将这样几个词堆在一起，无论从哪个角度来说，似乎都有点儿不敬。但我下面要说的事情，的确跟这些词都有关系，而且无论如何也提炼不出更合适的题目，所以，只好这样将就了。记得好像“诗·酒·佛”这样的堆砌，本是鲁迅先生打算做论述六朝文学的题目，既然我素来景仰的鲁迅先生都能如此用，我再堆上点儿别的，凑成一盘，估计也算不得什么。

南社是清末江南文人结的诗社，从一开始就是个大杂烩。上面讲的几个词汇所代表的东西，南社里都有，而且革命，或者说反满的内容，尤其浓烈。这也没办法，谁让清朝皇帝在二百多年里，老是对江南的文人看不上眼，治了又治，压了还压，那么多文字狱，那么多科场案。眼看满清大厦将倾，又有上海的外国租界做掩护，不抓紧时间捣乱，更待何时？捣乱的诗人中，喜欢佛的不少，既喜欢佛也喜欢女人，或者说更喜欢女人的更多。不过，真的做了和尚的却只有两个：一个是苏曼殊，一个是李叔同。

苏曼殊是先做和尚，然后光着头穿西装、闹革命、吃花酒、作诗弄画。李叔同是先穿西装（甚至穿西式的女装演《茶花女》）、闹革命、吃花酒、作诗作画，然后出家当和尚。就做和尚的境界而言，苏曼殊做的是花和尚，而李叔同做的是戒律严格的苦和尚。虽然有这样的不同，但这两人相同点更多，都才华横溢，学什么像什么，于诗于画，均有可观者。当然，也都很有女人缘，走到哪儿都有女人围着，李叔同出家后，还有女人找上山来，在山门苦等。

从古到今，诗人和诗，都离不开女人。唐朝是诗的王朝，害得后世怎么作，都超不过去。其实，多亏了当时男女界限不严，男男女女凑到一块，浅斟低唱，帽落袜滑，不唯妓家，良家妇女也乐在其中。女诗人鱼玄机，跟男诗友唱和，可以涉及性器官（集句“山气日夕佳，众鸟欣有托”，说的是某诗人有疝气并用了疝气带）；公主可以带着相好，招摇过市，甚至为相好求考官行方便；进士及第，放榜日，得意者一窝蜂拥进妓楼，歌伎舞儿，不仅床上工夫了得，作起诗来也不让须眉，诗人浪漫的，居然有在妓女大腿上写诗的。这种事如果放在后来，不进大狱也得终身禁锢。都说悲愤出诗人，其实女人也培育诗人，如果没有女人，诗人多半是作不出诗来的。所以，苏、李二位招女人喜欢，对近代诗与画的繁荣，的确大有好处。

二位更有佛缘，毕竟他们都遁入了空门。无论是苏曼殊这种花和尚，还是李叔同这种苦行的律宗和尚，在佛教的某种境界里，都是可以成正果的，他们的确也成了正果。

当然，二位跟革命也有缘，他们都是反满革命的鼓吹者，甚至在诗画里，都不忘渗透着革命的意义。显然，革命从来都跟浪漫的诗人有着难解难分的缘分，只是，浪漫的诗人往往不知道革命完了之后做什么。

同样与革命、诗、酒、女人和佛都有缘的南社诗人兼画家是钱化佛。此公没有出家，但特别喜欢画佛，只是所画的佛个个都闭着眼睛。人问为什么？他说：我佛慧眼，不要看人间的牛鬼蛇神！钱化佛在辛亥革命时是员勇将，参加过攻打南京制高点天保城的战斗，杀进去的时候，清军做的稀饭尚在，结果便宜了包括钱在内的敢死队。

既然革命后的世界是个佛都不忍看、不愿看的天地，那么诗人皈依佛门，也是一种不错的选择。

含冤未雪的民国怪人

吴稚晖是个民国怪人。在国民党内，他无疑属于元老级的人物，但其政治表现，却总是二丑模样，半是名士派头，半是玩笑洋相，总也正经不起来。日俄战争期间，留学生在东京开会，吴稚晖上台大骂西太后，骂着骂着，肚子一鼓，裤子掉了下来，提上之后，面不改色，依旧是骂。北伐成功，国民党当了家，吴稚晖成了元老中的元老，而且年逾耳顺，奔七十了，却依然为老不尊，疯癫如故。喜欢穿土布大褂，坐三等车，睡大车店，还特别喜欢在住所周围的空地上方便（吴《斗室铭》有句云："耸臀草际白，粪味夜来腾"）。极其健谈，话匣子一开，就关不住，所讲的话庄谐杂出，格外喜欢在脐下三寸左右徘徊，越是有女士在场，就越是卵蛋、精虫的说个不停。为文，最喜欢的东西，一个是嘲笑癞痢头的《癞痢经》，一个是一开首便"放屁，放屁，真正岂有此理"的鬼话《何典》。西太后死的时候，吴稚晖写文章去骂，要李莲英伸手扪西太后"干软的乳头"，全不顾人家看了会不会呕吐。

不过，一生嘻嘻哈哈，老不正经，拿肉麻、下流当有趣的吴稚晖，也有不爽的时候。第一次是甲午之后，知识分子闹变法，康有为叫得最凶。公车上书之后，同为举人的吴稚晖慕名去见康有为，说起中国之病，公推“八股”、“鸦片”和“小脚”（缠足）为三害，由是约定，大家不再参加科举考试。三年后，吴稚晖老实地遵守了约定，没有下场，可是康有为和弟子梁启超却照考不误，康有为还中了进士。吴稚晖一怒之下，一度愤而“反动”，故意跟进步潮流唱反调，为难追求新思潮的学生（时吴在北洋学堂教书），好不容易才回过味来，死活也不肯在北方跟康梁们一起干了，跑到家乡，另起炉灶。后来吴稚晖从康党变成革命党，估计跟这次“上当受骗”很有关系。

吴稚晖的另一次不爽的经历，跟《苏报》案有关。亦宦亦商的陈范接手《苏报》，半出于对朝廷的不满，半出于销路的考虑，将报纸交到了爱国学社里笔和嘴巴都很厉害的一干人手里，吴稚晖也算是其中的一个。这些人在报上大骂皇帝，骂得北京的西太后坐不住椅子，动用国家力量来惩办“乱党”，具体的经手人却是很开明的俞明震。俞明震兵马未动，却先托关系找到了吴稚晖，在出示了朝廷要将《苏报》同仁拿办正法的谕旨之后，却连说“笑话，笑话”，并说他们以后可以多联系，告知了联系的方式，最后暗示，吴稚晖可以出国避一避，去欧洲、美国均可。对于俞明震的卖好，吴稚晖和《苏报》的同仁蔡元培、章士钊、章太炎和邹容等人，开始是当笑话听的，由于有租界的庇护，他们根本没把北京那个老太婆的雷霆之怒当一回事。在此之前，租界当局已经找过他们若干次，并保证说，只要他们不私藏军火，仅仅是批评清政府，没有关系。但是，他们没有估计到的是，即使是西方国家，国家的利益和言论自由的理念比起来，后者依然脆弱得很。当西太后很是认真的时候，已经跟清政府达成了协议，而且有四万万白银的赔款厚利要拿的西方国家，多少都是要给点儿面子的，尽管这个西太后，刚刚很不人道地把一个“持不同政见者”杖毙掉了。于是，《苏报》案发了，章太炎和邹容进了租界的监狱，虽然在清政府看来是重罪轻判，但毕竟有人受了惩罚。在《苏报》

同仁大多避开的同时，吴稚晖走得最远，真的去了英国，全不在意英伦居大不易的花费。

案发后，有消息传出，说章太炎和邹容的入狱，是吴稚晖告的密。当然，这是冤枉的。尽管吴稚晖走得远了点儿，如果仅仅为了避难，似乎没有必要，但章、邹二人的落网，的确跟吴稚晖没有任何关系。因为当时办案的人，无论是中国方面的官员还是租界的巡捕房，都没有任何的热情，事还没办，空气早就放了出去，咋呼得地球人都知道了。章与邹的被捕，完全是这两人的自投罗网，找上门去的，大概就是想弄出点儿事来，好扩大影响。这里面，抓人的和被抓的，没有丁点儿的秘密可言，当然也就没有密可以告。至于为什么俞明震偏要找上吴稚晖，很可能是因为这些人里，只有吴稚晖是江苏人（还是绅士），而俞恰在江苏做官，身家事业都在江苏。

吴稚晖这两次际遇，的确有点儿冤，以至于事情过了很久，这位党国的“稚老”，依然愤愤不平。不过，这个“冤”，也反映出吴稚晖其实并没有人们想象的那样潇洒和狂放，对于自己没有拿到进士的头衔，多少还是有点儿惋惜，对于清政府，或者说对一切大权在握的人，也有相当清醒的认识。一个《苏报》案，章太炎自投罗网（还是有风险的，毕竟沈荩刚刚被杖毙），而吴稚晖却远走欧罗巴；回来以后，虽然身属革命党，信仰无政府主义，但暴动暗杀的事情（这恰是欧洲无政府主义者的拿手戏）却一点儿也不沾边，既比不上幕后策划的蔡元培、陈独秀，更比不上亲自动手的吴樾和汪精卫。再以后，我们发现，嬉笑怒骂皆成文章的吴稚晖，对于最有权势的那么几个人，却连小骂都没有，无灾无害地做着国民党的中常委。1949 年江山易色，蒋介石周围像吴稚晖这样专门舞文弄墨的人，戴季陶自杀了，陈布雷也自杀了，可吴稚晖却活得好好的，吃得下，睡得香，躲到台湾，活到自然死亡。

文人、武人一线之间

张继是国民党元老，属于文官，不过他的这个文官，在年轻的时候，却以能打闻名。张继当年也是公派留日生，但很早就因受不了日本人的嘲笑，剪了辫子，很为留学监督姚某看不惯，总是说三道四，说得张继性起，约了同为剪辫党的陈独秀、邹容，找了个茬子，一个抱腰，一个捧头，一个挥剪，把监督大人的辫子也给咔嚓掉了。监督大人官做不成，张继也只好做革命党了。

说起来，革命党起事的资格，要比康有为、梁启超等人的保皇党老得多。但自从保皇党流亡海外，康有为拿着一个假的衣带诏，以一介冒牌的帝师的身份，在海外华人华侨中招摇，居然后来居上，很有市场，要钱有钱，要人有人。双方各开大会，往往是保皇党的会人多势众，这次第，令革命党人很是气闷。这个时候，教科书上说，革命党和保皇党开展了一场大辩论，在辩论中，由于主持《清议报》的梁启超这支笔，敌不过主持《民报》的章太炎的那支笔，所以，革命战胜了改良。其实，要论宣传，梁启超的时务体绝对天下独步，怎么可能输给为文古奥的章太炎？原来，这里面另有内情。

在章太炎跟梁启超打笔仗的同时，张继也上场了，他的武器不是羊毫，而是一柄粗大的枣木手杖。每逢保皇党开会，张继便领了若干健将，杀将前去，二话不说，挥杖便打，梁启超们开始还欲与之理论，可是枣木杖招招见肉，秀才遇见兵，只好落荒而逃。只要保皇党人开会，张继不知道便罢，知道便去打，非打得人家鸡飞狗跳而后止。保皇党人虽多，但架不住张继之勇，所以每打必败。当时，同盟会和保皇党人的基地都在日本，而日本警察虽然效率很高，但对这种中国人之间的内讧，根本没有兴趣理会。久而久之，保皇党人的活动在日本都没办法进行了，又过了一段时间，至少在声势上，革命战胜了保皇。当时，同盟会有四大打手，张继排行第一。

张继打手的英姿，到了老年，又得到了一次施展的机会。那是1935年，国民党在南京开大会，上海的洪帮受某些势力的指使，派出刺客化装成摄影记者，行刺国民党要人。结果临场的时候蒋介石不在，刺客便对汪精卫下手，刚开一枪，便被两人制住，一人抱腰，一人卡住手腕夺枪。夺枪者为张学良，抱腰者，乃年逾七十的张继。能当刺客，当刺杀国民党要人的刺客，大抵都有两下子，居然被张继一抱而不能动，可见昔日打手不减当年之勇。

革命不是请客吃饭，打人当然不在话下。不过打的对象，不是满清亲贵，而是同为流亡海外的文弱同胞，似乎胜之不武。况且，革命也好，改良也罢，不过是手段，目的都是为了国家的富强，人民的康乐。手段、道路的选择，其实真是需要辩论的。辩论是讲理，不是动蛮，如果靠动粗打架取得了胜利，这个胜利，对于国人意义其实不大。何况，无论主张革命还是改良，保存帝制或否，双方都是在以西方政治为蓝本，区别只是学美国还是学英国，手段是暴力革命还是和平渐进，而目标都是建立西方的代议制政体。可是，在革命和改良的争论中，在革命党和保皇党的角逐中，双方都不能坐下来讲理，辩论实际变成了谩骂，背后还有棒喝党的开打。彼此在对方的眼里，都是最凶恶的敌人，甚至比他们共同痛恨的叶赫那拉氏还要可恨。比较起来，激进的革命党人，似乎又更显得理直气壮。

显然，张继虽然勇，但他不是流氓痞棍，只是一个文人。就当时而言，是自以为他们对，真理在握，才这样勇往直前的。在握的真理，给原本不正当的行为蒙上了一层道德的面纱。

父与子的对角戏

在帝制的中国，明清两朝，士大夫能够中进士而且点翰林，是科举途上最荣耀的事情。一般做了翰林之后，仕途最顺，不仅可以有机会外放做考官，收若干门生，纳若干“孝敬”，而且升迁特快，用不了多少年，就可以位列卿相。不过，清末，却有两位翰林公参加推翻帝制革命的，一位是蔡元培，另一位是谭延闿。今天要讲的，就是这位谭延闿。谭延闿本是贵胄公子，父亲谭钟麟，本是清末的地方大员，不过面目相当保守，戊戌变法时任两广总督，不唯抵触革新，而且连前任兴办的水师鱼雷学堂也给裁撤了。谭延闿是谭钟麟晚年得的儿子，虽然以今天的眼光看来，似乎不利于优生，但这个老来子却非常聪明，书读得好，是光绪三十年会试的第一名，即会元。湖南名士王闿运闻之大喜，说是破了湖南的天荒（谭延闿是湖南人，湖南清季二百年没人中过会元）。

在中国近代历史上，老子和儿子唱反调的事特多，老子保守，儿子往往就激进，越是有出息的儿子就越有激进的可能。中进士入翰林之后，谭钟麟死了，回家守制的谭延闿，很快就跟鼓吹改革的立宪派搅在了一起，高票当选湖南咨议局议长。接下来辛亥革命，“山大王”焦达峰做了湖南都督，没多长时间就被刺杀，谭延闿被推上都督的椅子，从此落入“革命阵营”，二次革命反袁（世凯），国民党阵营的四个省督独立，也有他一份。此后在湘督位置上几番上下，率领残余湘军跟随孙中山东奔西走，参加北伐，时而省长，时而督军，时而总司令，时而军长，最后做到国民党政府的行政院院长。

谭延闿在国民党内，人缘极好，因他是文官，人称文甘草。中药配伍各有禁忌，唯有甘草跟什么药都能配合一起用。凡被人叫作甘草的人，往往有副特别好的脾气，谭延闿为人之随和，是出了名的。湘督三易上下，每次都安之若素，走之从容。做官时，下属进门不用报告，有座便坐，有烟自取享用，而谭延闿不论什么时候，都和颜悦色，了无怒容。即使被当面羞辱，则装作不闻，即使被部下卖阵，差点做了俘虏，也不过是苦笑着摇摇头而已。所以，他的第二个外号，叫谭婆婆。谭延闿人有名气，字也写得好（要是开门卖的话，完全可以卖个好价），一直做着大官，按道理字不太好求，但湖南各地饭铺酒店，到处都有他的墨宝。随便一个马弁副官，都可以替人求字，谭搭纸费墨，没有二话，也许有些是秘书长之类的代劳，但都得到他的首肯，肯将名义假借的。大革命时期，国共时有摩擦，左派右派，壁垒分明，但是唯有谭延闿，左派当他站在左边，右派当他站在右边，两边的攻击炮火，都擦不到他的边。反过来说，这种人的用处也不大，做到行政院长，也不过是国民党内各个实力派都能接受的作为缓冲用的沙袋，一个军人政权的点缀。

谭延闿上政治舞台的时候，赶上了一个武人当家的时代，遍地烽火，到处打仗。“左也是东洋刀，右也是东洋刀（袁世凯语）”，帮会、土匪、教门也各逞威风，有枪就是草头王，枪多气粗，各以实力说话。谭延闿一介贵胄公子，不幸又是读书种子，中过会元，点过翰林，虽然据说在第一次做都督的时候曾经在武人面前露过一小手——可以双手使枪，而且枪法极准，但依然没有武人拿他当自己人，因为他不是士官系（日本士官学校毕业），也不是保定系（保定军校毕业）。而他自己，也没有亲自下部队，带兵打仗，实现从文人到武将的转变。所以，尽管他当过的官尽是些“武职”，督军、司令、军长之类，但始终成不了一个带兵官，顶着那么多貌似军阀的头衔，却从来掌不了实权。实际上却是秀才遇见兵，不仅有理讲不清，而且很容易被人架空，甚至赶走。

在那个时代，文人混在武人堆里，做幕僚也好，做“长官”也罢，往往带有很大危险性，弄不好就会被上下左右的野心家们给牺牲掉。可是由于谭延闿的好脾气，左右圆通，这种危险对他来说却似乎不存在。下面的武夫可以架空他，出卖他，驱逐他，但却没有人敢冒湖南乡里舆论的大不韪杀掉他。至于上面和左右的武人，由于他的圆通，对人不构成威胁，也会安全得多。从某种意义上说，谭延闿是近代的冯道，苟安于乱世，靠的就是心平气和，处世圆通。据说，谭五十岁那年，有人做祝词曰：“茶陵谭氏，五十其年，喝绍兴酒，打太极拳，写几笔严嵩之字，做一生冯道之官，立德立功，两无闻焉。”谭氏闻后，不仅没有生气，反而连称奇才。说实在的，这祝词虽然刻薄了一点儿，但对于谭，确实再贴切不过了。

谭延闿的时代，是中国现代的转型时期，可是，转型转成了文官沦为骄兵悍将的摆设，只有像冯道一样，心平气和，唾面自干，才能文运长久，无论如何，都是一种悲哀。

名人韵事

在过去的时代，大家对读书人的道德要求，一般说来还是蛮高的。不过，如果一个人被视为名士，情形就变了，好像是有了某种行动的自由，别说出点儿格，就是荒唐一点儿，人们也以为当然。凡是名士，好像一齐约好了似的，大抵都将“特权”用在男女之事上，通过纵情声色，放浪形骸，来展示自己的名士风范，所谓自古名士尽风流是也。不过，做名士的风流，往往是牺牲掉仕途前程换来的，也就是说，大凡一个人被人看成是名士，他也就甭打算出将入相，在政界官场一逞身手了。从这个角度说，做名士，往往意味着某种的无奈，不是文名大著而科场蹭蹬，就是别的什么原因断了上进的路。比如明代的唐寅，一个好好的解元，被莫名其妙的科场案搅了进去，从此再也别想考试做官。当然也有这样的事情，人还没有踏入仕途，就玩得过火了，文名与青楼薄幸之名一样大，大到了上达“圣听”的地步，比如宋朝的柳永，当然只好不再应考，做“奉旨填词的柳三变”则个。

晚清的王闿运，就属于仕途受到挫折，愤而化为名士中的一个人。王很早就中了举(26 岁)，踏入高级士人行列，虽然几次会试不售，也属正常，那个年月，科考联捷的跟白乌鸦一样稀少。他的霉运在于才华早露，而且上达中枢，为咸丰皇帝的智囊肃顺看上，收入帐下，成了大清智囊的智囊。而咸丰恰属于那种气性过小，又偏偏赶上多灾多难的皇帝，长毛没有平，英法联军又打上门，两下夹攻，一口气没上来，窝囊死了。咸丰一死，肃顺一时大意，被肚皮争气、生下唯一皇子的叶赫那拉氏，联合咸丰的兄弟恭亲王奕䜣搞掉，跟着知遇的先皇去了，王闿运则从此被打上了“肃党”的烙印，不得超生。就是这样，跟错人与站错队，对于文人来说，都是政治生涯中最致命的失着，王闿运站错了队，没有搭上小命已经属于皇恩浩荡了，要想出头，只好等西太后死掉。可是，偏偏这个对头命特长，活了又活，一直统治了四十多年。在这期间，王闿运就只好做名士了。除了传说他曾经劝说过曾国藩自立为帝之外，基本上没有参与过政治活动。

跟其他名士一样，王闿运也有大量的风流韵事，不过王的韵事无关于名妓或者名媛，只跟老妈子有关。大概是由于晚清的名妓，早就没了前朝柳如是、李香君辈的文韵风华，纵然八大胡同的头牌苏州小妞儿，也不过会点儿弹词小曲罢了，所以，王大名士不屑在她们身上下工夫；又大概是由于龚自珍的前鉴，为了一个顾太清丢官丢命，或者是清朝高门大户，门禁过严，没机会下手；反正王闿运在传统名士施展风流技能的这方面，没有任何成绩，力气都使在了身为佣妇的老妈子身上。

跟那个时代的绅士一样，王闿运享过齐人之福，有妻有妾，不过都较早地死掉了。丧偶的王闿运，根本没有续弦或者再讨个妾的意思。不过，此老虽然七老八十，却有一个年轻人才会有的癖好——每夜非有妇人侍寝不可，否则就难以入睡。王闿运既不打算再要妻妾，又对青楼女子没有兴趣，那么，侍寝的事，就只好由老妈子来承担了。

王闿运的老妈子，最有名的是周妈。其实在周妈之前，也有过别人，可是自从周妈来了以后，“后宫”就是她一人的天下了。王闿运不仅睡非周妈不香，饭非周妈不饱，而且头上的小辫子，非周妈梳理侍弄不舒服，梳理完了，还扎上一个大红的头绳；进入民国之后，依然如此，成为湖南的一景。关键是，此老跟老妈子的事，从不避人，不仅在日记里写（日记都是写给人看的，王闿运自也不能免俗），而且双入双出，甚至当着自己的弟子亲亲热热。清朝完结，袁世凯做了大总统，请王闿运进北京做国史馆的馆长，王携周妈上路，途经武汉，湖北督军王占元请饭，周妈上席，吃得陪座的大人先生们一脸尴尬。到京之后，袁大总统设宴招待，周妈也有座位，而且就在王的旁边。席间，王闿运旁若无人，一个劲地把好菜往周妈碗里夹，连跟总统说话都有一搭无一搭的。

可是周妈也有麻烦，不仅她的儿子和兄弟老上门来要钱（不是应得的佣金，而是额外的钱），而且她自己，有事没事，总要弄出点儿动静来。此妇虽然仅仅是个乡下的中年寡妇，大字都不认得一个，但天生对政治，尤其是家庭政治，无师自通地门儿清，如果摆在皇后的位置上，估计又是一个西太后。周妈的政治才能，在王闿运在家做名士、开门授徒的时候，不过展现在把持家政，操纵馆务上，问题还不大。可是一旦王闿运进京做了官，主持一个机构，事情就麻烦了。首先是在国史馆的杂役人员的安排上，周妈要插手——要用自己家乡的亲戚。这倒也有情可原，照顾乡亲和族人，毕竟是国人的通病，只要有人出息了，大家自然会贴上来，要求利益均沾。周妈成了国史馆馆长大人的内宠，虽然无名无分，但“出息”二字还是谈得上的。湖南的老妈子成千上万，有谁能让我们的王大名士睡安稳觉的？可是，糟糕的是，周妈的手越伸越长，有人见识了周妈跟王闿运的亲密，也见识了周妈的神通，于是，只要有事求到王闿运，用得到国史馆，就走周妈的后门，结果害得个原本还算本分的周妈，在京城大出风头。为了方便跟人打交道，据说还有名片，名片上是王闿运的亲笔，上面六个大字：王氏侍佣周妈。虽说名头不响，但管用。世面见得多了，胆子未免越来越大，甚至敢假借王闿运的名义，写信替人求官，率众大闹妓院。闹得京城上下，有点儿头脸的所在，无人不知有个周妈。终于有一天，周妈纳贿的事败露了，王大名士生了气，要周妈把吃进去的吐出来。开始，周妈还抵赖，想顾左右而言他混过去，后来实在赖不过去了，遂就地打滚，又哭又闹，一如泼妇，弄得王大名士无可奈何，只好不了了之。周妈吃的贿赂吐不出来，周妈引进的人就退不出去。摸着了王闿运的软肋，知道自己只要一哭二闹三上吊，王大名士就得让着她，周妈胆子还大了。最后，一个泱泱大国的国史馆，居然是大字不识一个的周妈当了家。

幸好，就在王闿运感到有点儿为难的时候，由他的学生杨度带头闹起来的帝制风潮，已经有点儿成气候了。有意思的是，在帝制的鼓噪中，有些遗老遗少会错意，以为袁世凯这么闹，是为了让清帝复辟，未免得意忘形，放肆乱叫，其中就有王闿运的学生宋育仁。为了不让帝制运动乱了方向，宋育仁被抓了起来，或者说被客客气气地请到了警察局，然后解递原籍。对于冒冒失失闯祸的弟子，王闿运没有话说，只有叹息，还让周妈送了二十元钱给他。这种捉放曹的把戏，通晓帝王术的王闿运，大概是看出了其中的猫腻，也看出了其中的危险。老谋深算的他，可不打算糊糊涂涂地蹚这滩浑水，于是拿周妈说事，上书袁世凯，说自己“帷薄不修”，约束不了家人，辞掉了国史馆的馆长，没等老袁照准，就夹起行李走人。周妈丢了作威作福、索贿纳贿的机会，很是恨恨，但也没有办法（不识字，没有看住自己的床上人写辞呈），只好跟着王闿运回家。

在晚清和民国，王闿运属于那种才大志高，目无余子的人物，连曾国藩、左宗棠都不在眼里，何况其他。无奈，命运不济，站错了队，只好去做名士，既做名士，心中块垒难平，夺他人之酒杯，无论怎么浇，都是老套子，难解心头那点儿遗憾，非得有点惊世骇俗之举不足以自显，亲老妈子，实际上算是一种。事实上，王闿运抬举老妈子，除了满足自家性欲之外，还附带有笑骂官绅贬损官场的意思：管你什么大场合，什么高贵的人出席，咱就带周妈一起，款待我，就得款待这个乡下来的粗鄙的仆妇，关键是，我带这个粗妇，还没有任何名义、任何名分，仅仅是贱人老妈子而已。达官贵人，夫人名媛，包括民国总统，一并被捉弄了，又无可奈何，王闿运也正好借此，一出自己不得施展的恶气。从某种意义上说，抬举周妈，跟他找三个匠人做弟子（木匠齐白石、铁匠张仲飏、铜匠曾招吉），道理是一样的，就是偏要找这些底层的人来和士子做伴，抬举了他们，就贬低了你们。骨子里，他并不真的看得起这些人，比如在日记里，就嘲笑齐白石的诗是薛蟠体（而在齐白石自己看来，他的诗是第一流的，而画倒在其次）。

王闿运讨厌当时官场的一切，尤其讨厌春风得意的大人物，但却从来不出恶声，一切厌恶，从嘲谑出之，在近乎恶作剧的戏谑中，发泄着自己的不平。只有在自己亲人遭受磨难的时候，他才会偶尔显露出金刚怒目的本来面目。晚年，他最喜爱的女儿所托非人，女婿不仅吃喝嫖赌，不务正业，而且大搞家庭暴力，对女儿大打出手，女儿写信向他哭诉，他在信旁批道:“有婿如此，不如为娼。”愤愤之情，溢于言表，这样的话，大概也只有他王闿运能够说得出来。显然，无论是游戏人生，还是金刚怒目，在骨子里，他老人家心气还是不平衡，没有看开。可是话又说回来了，古往今来，谁又能真的看得开呢？那个时代，作为士大夫，一生志向，大而言之，是治国平天下，内圣外王，说得实在一点儿，则是学成文武艺，货与帝王家。所以，科考成败，人称得售与否，也就是说，卖没卖出去，当然真的卖出去，还要看以后的官运如何，或者说卖出了个什么价。既不得售，或者穷守乡里，郁郁而终，或者煮字疗饥，卖文为生，再就是做名士了。比较起来，做名士如果做得巧，做得有水平，日子还算过得最舒服的。不过，做名士必须有条件，条件就是自家得有点儿本事，而且社会上还要承认，否则脾气和疯气，就都要不起来。

留辫子的大师

民初的学界，有两位大师级的人物是留辫子的，一位辜鸿铭，一位王国维。两位对于脑袋后面的辫子，都还挺在意，打死都不肯剪了去。王国维的辫子，每天早上都是夫人给梳，据他女儿回忆，有次她娘梳烦了，说："别人的辫子全剪了，你还留着，多不方便。"王国维半晌无语，过了一会儿冷冷地说："留着便是留着了。"辜鸿铭更过分，不仅自己脑后拖着小辫子，连自家雇的黄包车夫，都必须是留辫子的主儿；车夫拉上辜先生跑起来，前面一条大辫子，后面一条小辫子，一左一右，甩得好看煞人。

两位留辫子，从表面上看，都跟前清有那么点儿关系，可是，洋文说和写都比中国话顺溜的辜鸿铭，留辫子，无非是表示自己特立独行，凡事跟别人不一样。别人喊共和，我偏保皇；别人穿西装，我偏马褂；别人留洋发，我偏留辫子；别人提倡一夫一妻，我偏纳妾，而且还有理论：男人如同茶壶，女人如同茶杯，一个茶壶必须配几个茶杯，而不能一个茶杯配几个茶壶。王国维却不同，他留辫子，真的说明他对前清有感情。民国最初的一二十年，有类似感情的读书人并不在少数，主要是因为民国搞得不好，国家混乱，民生涂炭，大家有点儿怀旧也是正常的，怀旧不见得是希望复辟，也不见得都是遗老遗少。作为旧学浸润颇深的饱学之士，王国维有怀旧之思，更是情理之中。不过，静安（王国维的字）先生跟一般人的怀旧还有不同，他做过清废帝溥仪的师傅，陪着“皇上”在故宫的南书房读过书。小皇帝不仅对王师傅很尊重，而且还有点儿感情。静安先生高度近视，吃饭的时候，只能看见眼前的菜，溥仪就替他把其他的菜夹过来。按说，从小受惯了端架子教育的小皇帝，是不大可能如此伺候人的，可是，当时的溥仪已经被洋师傅庄士敦教坏了，而且见过新派人物胡适，会作新诗“匹克,尼克,来江边”,所以,对师傅有点儿表示也正常。不过这么一来，我们这个天天关在书斋里读书，忠厚到了迂腐的老实头静安先生可就受不住了。小皇帝虽然已经退位，但在法理上，他还是皇帝，并没有变成平民；况且，在那些对清朝有好感的人眼里，皇帝头上的光环并没有褪色多少。所以，小皇帝的这点儿表示，在静安先生心里，想必分量不轻。

我们知道，1927 年 6 月 2 日，在北伐进军的凯歌声中，静安先生在颐和园投水自尽。关于先生的死，历来有各种解说，罗振玉说是殉情，还张罗着给王国维请谥号；陈寅恪说是殉文化；梁启超说是由于革命的刺激，甚至解放后还有人说是被罗振玉逼的。其实，罗、陈和梁说的都有道理，王国维的遗书上说：“五十之年，只欠一死；经此事变，义无再辱。”事变应该指的就是大革命，1924 年冯玉祥逼溥仪出宫的时候，王就在现场。皇帝被逼出宫，肯定算是一辱，而眼下北伐革命又快要到了，所以不能再辱。丈夫不能再辱，典出于李陵，这里，虽然没有君辱臣死的执拗，但要说跟前清没有一点儿关系，恐难服人。当时大革命的声势，的确有些吓人，叶德辉被处死，固然罪有应得，但此人毕竟是个读书种子，远远听了，未免狐悲兔死，物伤其类，心里发毛。王国维是书斋里的人物，内向而寡言，对外界的事情，一向不大明白，可内心的敏感度却相当高。冯玉祥逼宫，据当事人回忆，并无凶险可言，冯也绝对没有伤害废帝的意思，可在王的眼里，却是惊涛骇浪，白刃炸弹。所以，把北伐的到来想象得过于可怕，也是自然的。

后来的人们，大概是出于对王国维的爱护吧，总是回避其对清朝的感情，回避其对大革命的厌恶之情，甚至有意让他跟罗振玉划清界限。因为，在这些人的眼里，如果不如此，这些就是先生的污点。其实，一个真实的王国维，要比加上如许多好心的遮羞布的大师，要可敬得多。

家有仙妻

在历史上，刘师培要算是一个怪人，他很早就投身革命，而且还相当彻底，连名都改了，叫“光汉”，取光复汉家之义。不仅彻底，而且“进步”神速，在大伙还在张罗排满建立合众政府的时候，他就信仰起社会主义和无政府主义来了，别说政府啦，连婚姻家庭都可以取消。可是后来又变节，投到满人权贵端方门下当幕僚，不再打算“光汉”了。四川保路运动起，端方带兵入川镇压，他也陪着。路上，武昌革命炮响，端方被所带的士兵杀掉，如果不是跑得快，他的小命也没了。辛亥革命后，他又上了杨度的贼船，成为袁世凯帝制的鼓吹者，列名筹安会，结果是名声臭上加臭。

导致刘师培臭上加臭的原因很多，但其中主要的一个，据说是他家有仙妻，仙妻名叫何震，是位中国觉悟最早的新女性。不过，这位新女性对于革命不甚了了，但对于自家的享乐却在意得紧。刘师培是吴中才子，具有江南文人容易犯的毛病，懦弱得一塌糊涂，惧内，对何震这位具有新女性之名的河东狮，百依百顺，而且思想上还跟着走。信仰无政府主义，本是何震拖着刘师培，两人妇唱夫随。废除家庭的高调，原本不过是何震为了名正言顺地红杏出墙，明目张胆地在刘师培眼皮底下，跟情人双入双出，据说刘师培一点儿脾气都没有。刘师培后来之所以变节，实际上也是何震的情人给牵线搭的桥。

黄侃也是一个怪人，黄的怪，方向主要是狂，世界上没几人他能看得上眼。在北大做教授，上课必骂海内名人，连同属章太炎门下的钱玄同，都被他骂得狗血喷头。自家的名言是“八部书外皆狗屁”，意思是说，历史上的著作，除了《毛诗》《左传》《周礼》《说文解字》《广韵》《史记》《汉书》和《文选》这八部书，统统不入流。跟《新青年》同人，很是过不去，害得大家都认为他是保守派，其实，他只是狂而已，对站在《新青年》对立面、写文章骂阵的林琴南，他也一样不客气。就是这样一个以狂狷闻名的怪人，在刘师培被主掌北大的蔡元培请来当教授之后，居然登门拜访，请求刘收他为徒，而且择日行了隆重的磕头拜师大礼。

原来，刘师培虽然在政治上名声不佳，个人生活中又甘戴绿帽子，可是这个人学问却很好。仪征刘家，治《左传》海内独步，刘师培有家学在身不说，于小学（文字学）也颇有造诣。如果要讲“国学”的话，刘师培是名副其实的嫡传。

正因为如此，蔡元培才请他出山，到北大任教，而黄侃才屈节隆重地拜他为师，虽然两人当年都是革命者。

在当年的一代学人眼里，学问是学问，政治是政治，他们很自觉地将两者分开。断不会因为某人政治上不正确，连其学问也否掉了，不仅不否，只要其人有真学问，他们还真的佩服。黄侃一生之狂傲，恐怕没有几个人能比得上，但是他却偏偏能跪倒在刘师培脚下叩拜。显然，他拜的不仅仅是这个人，而是他的学问。

时代有新旧，学问无新旧。越旧的学问，在新的时代很可能越是值钱。

狱中“土豪”——章太炎

稍有近代史知识的人都知道，二次革命失败之后，章太炎被袁世凯囚禁了。这件事，在历史上，既算是章太炎反袁的光荣，也算是袁世凯虐待党人的暴行。不过，章太炎的这份光荣，实际上却是他自己找上门去，从袁世凯手里逼来的。

说实在的，当孙（中山）、黄（兴）等人发动二次革命反袁的时候，章太炎早就跟这些当年的同志分道扬镳了。在民国的最初岁月里，政党分分合合，章太炎虽然都是热心分子，但却一直站在先是同盟会，后为国民党的对立面。他厌恶孙中山，对黄兴不感兴趣，甚至跟原来光复会的同志也貌合神离，倒是对那个被造反的新军士兵从床底下拖出来的黎元洪，有着极大的热情。所以，在袁世凯压迫国民党的时候，章太炎和他身属的共和党，如果不是帮凶的话，也是袖手旁观的。可是，当袁世凯如愿地当上了正式大总统，不再需要国会这个选举机器了之后，借追缴国民党议员的证书之举，实际上把国会废了（够不成半数，无法开会），到这时，醉心于议会政治的梁启超和章太炎等人才如梦方醒，但是木已成舟，悔之莫及。

不过，章太炎不是梁启超，不可能这么轻易地善罢甘休。他要“为中夏留一线光明”，“挽此危局（章给弟子和夫人的信）”，于是新婚不久的他，毅然离开了自己的温柔乡，北上北京，找袁世凯算账来了（时为 1913

年 12 月）。于是出现了他的学生鲁迅描绘的一幕：以大勋章为扇坠，大闹总统府。虽然据章太炎当时的新婚夫人汤国梨女士后来说，章太炎并没有大勋章，上京也没有带勋章，但章太炎的闹，确实非同凡响。据当时的《申报》（1914 年 1 月 14 日）记载，章太炎手持团扇一柄，下系勋章，足踏破官靴，大嚷着要见总统，承宣官（传达）挡驾，则“疯言疯语，大闹不休”。另据官方记载，章太炎则不仅骂了人，还砸了家具什物。

结果不问可知，章太炎被警察带走，在内务总长朱启钤和有“屠夫”称号的京师宪兵头子陆建章的关照下，章太炎被以“疯病”为由，遭到软禁，开始了长达两年多的囚禁生活。

当然，章太炎并没有疯，他虽然有“章疯子”之名，但谁都知道，那只是一个带有戏谑意味的外号，并不是说他真的精神有问题。章太炎此行，其实真的就是想见袁世凯谈个明白，所以，进总统府的时候，还先投了名片，请承宣官转达。虽然名片一尺五寸长，上书三个斗大的字“章炳麟”，但这是他的个人风格；至于足踏破靴之类，不过是章太炎不修边幅的名士派头，向来如此，更不足以说明他的“疯”。他之所以遭到囚禁，既由于他的身份——不仅跟国民党有老关系，而且属于共和党内的对袁不满的人士，还由于他这一闹——不仅不满，而且有了给政府找麻烦的行动。

不过，章太炎之囚，以后来党人的待遇观之，还是相当优厚的。据刘成禺讲，袁世凯曾经对陆建章定了关于囚章的八条规则，规定起居饮食用款不限，而且毁物骂人，听其自便。东西毁掉了，再买就是。只是除了限制自由外，对见客、谈时局，都有限制，尤其不许有谈时局的文字。章夫人汤国梨也说，章太炎在被囚期间，每月的费用是 500 元（当时一个警察每月薪水 4 元左右，大学里最牛的教授，每月不过 400 元）。这一段，肯定是他一生中最阔气的时光。

尽管待遇优厚，但囚禁毕竟是囚禁，这既是对章疯子闹事的一种惩罚，更是袁世凯对未来可能的“不安定因素”的一种防范。虽然很有违法嫌疑，但作为独裁者来说，倒也常见常用。当然，章太炎不可能很痛快地就范，他必然也必须反抗，也就是说要接着闹事。作为一个文人，反抗的最佳方式当然是用笔，可是这种文字一个字都出不去，写了也白写。所以，闹，只好找别的办法。办法之一，是拿看押的警察开涮。章太炎是个穷书生，一辈子没钱，生活极其简朴，可是他在软禁期间，居然一口气雇了十几个厨子和仆人（他当然知道这些仆人都是警察改扮的）。而且，大摆其老爷的谱，强迫这些人称呼他为“大人”，他的客人来了，要称呼为老爷，见面要垂手低头，每逢初一十五还要向他磕头，犯了错，还要罚跪罚钱。为了将这种羞辱落实到位，他甚至强迫这些仆人（警察密探）照这些条件跟他具结，签字画押，害得我们的警察老爷，个个像是签了卖身契。

涮警察密探，解气虽是解气，但毕竟伤不到袁世凯，甚至连陆建章、朱启钤也碰不着；被关着做大人老爷，虽然耳边听取奉承一片，时间长了，也一样气闷。所以，章太炎又开始绝食。不过，章太炎虽然又疯又倔，但此时的绝食，似乎却并非真的以死抗争。无非是借此闹出点儿动静，制造一些不利于袁世凯的舆论，让这个奸雄难堪。因此，章太炎的绝食，时断时续，一年多下来，也没有死掉，但却让袁世凯头痛不已，派了若干人马来劝，甚至派人打算强行将章夫人汤国梨接来（未果）。

我们知道，章太炎之囚，一直到袁世凯称帝失败、自己翘了辫子才告结束。这期间，虽然袁世凯少了若干公开骂街的聒噪（一个梁启超已经够受用的了），但章太炎也因此而洗白了自己。民初上当的经历，不再有人提了，自家的形象，复归到昔日的光辉。他的学生在总结他的历史的时候，这段经历，已经带点儿传奇色彩了。

文字狱之怪现状

古来文人之厄，莫过于文字狱。大约文人所依仗着的，不过一支秃笔，不弄点什么在纸上，甚至刻成书，就难受。当然，这一不难受就容易出事。在皇帝的治下，政治上的忌讳是免不了，白纸黑字的议论，如果政治上不正确，又恰好碰上个过敏的主子，再加上若干条鼻子特好使的狗，那么就有可能倒霉。有明一朝，在开始的时候，朱元璋识字无多，文字狱往往都是阿 Q 式的，自家秃头，忌讳人家说光，偏有那么些小文人对拍马屁特别有兴趣，自投罗网，结果一个接一个地莫名其妙就丢了性命。到后来，随着皇帝的文化水平的提高，文字狱的水准也水涨船高，稍微像点儿样了。比如李贽放言无忌，捧秦始皇，赞美私奔的卓文君，说伺候了四朝皇帝的冯道的好话，连对孔子都敢说三道四，宣称不一定以其是非为是非。虽然“文革”时批儒评法的当口，很让江青和梁效们受用，被树为法家的典型，著作还被印成大字本，广为发行，但在李贽活着的时候，给他带来的却是灾祸——被捉进狱里，断送了老头皮。

历朝历代，论起来，还是清朝文字狱最红火，康雍乾盛世百多年，就闹了百多年的文字狱。不仅传统的政治不正确的话题依然，而且又新添了许多敏感领域，不仅狄夷这种字眼犯忌讳，连明、清、朱、红都碰不得。如果你不小心说出了一个以前看起来是常见的词组：浊清，皇帝肯定会龙颜大怒，说你把“浊”字加于国号之上，是何心肠？甚至如果你在诗文里多用了几个日月，也可能被人告发，说是别有用心——念念不忘明朝。

不过，要我说，文人最倒霉的，还不是在文字上遭灾，如果真是在文字上触犯了忌讳，尽管断送了老头皮或者不老的头皮，在后人，还多少能赢得几分赞誉，被夸成有勇气，甚至有见识。可是那些被以另外一种名义修理的文人，不仅当时很惨，过后也得不到后人的好评，在今天看来，属于晦气到家了。

清初的吴兆骞就是这样一个倒霉蛋。吴兆骞是明末清初之季，江南有名的才子，这样的才子，在明社为屋之际，尽管没有顾炎武、傅山、张煌言、夏完淳那样的恢复之志，但多少不免有些家国之慨。虽然很快就出来应试，做了顺民，但对于清朝皇帝来说，这种人还是有欠修理的地方，至少为了惩罚江南地区士大夫的不安分，也要弄点儿名堂杀一杀这些人的傲气。于是，科场案出来了，凡是被举报的考官考生，统统丢了吃饭的家伙，而取中的举子，则被押到北京，俩兵丁拿着大刀看一个，让他们在皇帝面前当场考试。江南才子吴兆骞就是被押解到京，在杀气腾腾的考场上考试的一个倒霉鬼。

一种说法是，从来都娇生惯养的吴兆骞哪里见过这样的阵势，不免浑身颤抖，握不成笔，结果交了白卷。还有一种说法是，吴兆骞被押进考场之后，傲气陡起，说我吴兆骞考个举人还用受这种气，一字不写，交了白卷。不管哪种说法是对的，反正吴兆骞交了白卷，而且因此被流放到了极边之地，到宁古塔（今黑龙江宁安）给披甲人为奴了，再重一点儿，就是绞刑了。尽管吴的文名早已上达天听，皇帝应该知道，此人的白卷不代表他只能靠走后门才能考上，但处分依然是这么重。

吴兆骞在宁古塔的冰天雪地里，背着考试作弊的罪名，一待就是 23 年。最后还是一班儿老朋友看不下去，托关系托到当时的权相明珠的儿子纳兰性德头上，纳兰惺惺相惜，伸以援手，这才让吴兆骞在暮年回到了家乡。

大学者的"呆气"

但凡有成就的学者，多少都有几分呆气，往往越是在一般人都不成问题的日常小事上，他们恰恰显得十分笨拙，甚至可以说是弱智。比如出门不辨起码的方向，分不清左右，不会接电话等，若让补白大王郑逸梅说起来，可以有一本厚厚的书。

在中国，这类呆气表现最为严重的，据我所知有两位：一位是章太炎，一位是金岳霖。因为他们两个，一个出门忘了自己家住哪里，一个忘了自己的名字。

章太炎晚年住在上海，靠卖字为生，平时轻易不出门，出门必定有接有送。有次，不知怎么回事老先生自己走了出去，想要回家的时候，叫了辆黄包车，车夫问他去哪里，他想了半天，不知道自己家在什么地方，于是对车夫说，我叫章炳麟，就到我家。车夫说，我不认识你。章太炎急了，说，连我你都不认识？你拉上走好了。

金岳霖某天早上起来，突然忘了自己叫什么名字，怎么想也想不起来。没办法，只好去问他的车夫。车夫也大有金先生之风，回答说，我也不知道。金急了，说，那你知道别人都怎么称呼我吗？车夫说，他们叫你金博士。金岳霖到此方恍然大悟：哦，我原来叫金岳霖。

过去，国人看待学者的“呆”，大抵有两种态度。一种是觉得可笑，常常以嘲讽的态度面对学者们闹出的笑话。孔夫子率弟子周游列国，凄凄惶惶，有人嘲笑他们四体不勤，五谷不分，实际上就是这种态度的鼻祖。这种态度如果机缘凑巧，跟文人的反智主义倾向结合起来，后果可能非常可怕。“文革”后期，白卷英雄张铁生冒出来的时候，当权者有一段时间作兴考专家考教授，就是拿一些日常事务来考那些大教授、大专家，结果还真是考出了很多笑话。

另一种态度是羡慕。因为他们把这种“呆”的表现，当成了有成就学者的象征，是一种值得骄傲的名人轶事。甚至还有人刻意效法，故意制造出一些轶事来，表明自己也属于名学者或者是名人之列。他们忘了，这些大学者的呆事之所以变成了轶事，关键在于他们有成就，而且因为这成就变成了名人。如果光有呆事没有成就，那么只好做呆子。所以，西施捧心是谓美，而东施效颦则不仅是丑，而且是呆了。

其实，这些有名的学者，都是平常人，跟我们大家没有太多的区别，可能智商要稍微高点儿，但也有限。他们的特别之处，在于精神比较集中，总是把注意力凝聚在一个或几个点上，也就是集中在他们所从事的学术事业上面。显然，人的精力是有限的，当一个人格外地把精力尤其是注意力，投放到某些方面的时候，其他的方面尤其他们所不在乎的日常琐事，心思投放过少，就未免显得“弱智”了。俄国作家高尔基说过，所谓的才能，其实就是一种对事物的爱好。需要补充一点的是，只是当爱好变成专注，才真的变成才能。那些名学者之所以能成功，就是因为他们对某些方面的学问有兴趣，而且能把这种兴趣固化专注起来。当然，也因为这种专注，牺牲了一般人都有的日常生活能力。我们看学者轶事的时候，哈哈一笑之余，应该有点儿平常心。

江湖出身的武侠作家

平江不肖生这个名字，小的时候没书看，被逼无奈读鲁迅的时候，听鲁迅在提及电影《火烧红莲寺》的时候提到过，不过很快就没什么印象了。再一次听到，时间隔了差不多有三十年，是我到湖南平江考察私塾的时候，在一位老平江的嘴里，这个名字不断地冒出来，说这个人是中国最早的留日学生，写了许多武侠小说，还拍了电影。

平江之行，是我文字上的自信大受打击的经历。在平江作诗钟的农民面前，总感觉自己像文盲，惶恐得很。回来大肆恶补的时候，记忆的线总算连了起来，于是我知道了一点儿关于这位平江不肖生的事情。此人姓向，名恺然，系清末就留学日本的留学生。据说在日本待了五六年，学成了什么不清楚，只知道此君装了一肚皮的留学生的风流韵事，憋得不行，写了本《留东外史》，在国内出版，一味拿在日本的“清国留学生”的糗事，用化名排铺起来。外头的人当然不见得明白说的都是谁，但当事者自然心知肚明，一肚皮不高兴，有人甚至放话，有权先杀向恺然。清末民初，恰是留日学生吃香的时候，占了各路要津，所以，向恺然找不到饭碗。没奈何，只好打卖文的主意，胡编了点儿武林侠客的故事，写了木《江湖奇侠传》，稿成的时候，已经潦倒到了没有饭吃的地步。据当时很有名的小说家包天笑说，向恺然这部开创了武侠小说先河的大作，千字一元就卖了。没想到书出以后，风行海内，一时洛阳纸贵。电影界还根据小说改编了一部电影《火烧红莲寺》，票房极佳，就像改革开放后《少林寺》放映一样，毛头小子个个迷上了“功夫”。向恺然也因此应书坊之约，接二连三地炮制出一本又一本的武侠小说，生活大为改观。可是后来书商高价催出来的小说，都没有当初千字一元的《江湖奇侠传》卖得好，一本不如一本，直至了无声息。

后来的武侠小说大师梁羽生、金庸、古龙之辈，虽然写的都是武林侠客，但这些人根本不懂武术，所有眼花缭乱的招数，都是闭上眼睛想出来的。向恺然不一样，他真的懂点儿武术，后来小说写不成了，还在长沙的国术（武术）馆混过。在向恺然的家乡平江，现在还流传着一些他在武术方面的传奇，神勇了得。在这个世界上，大概既懂武术，又会写武侠小说的，只有他一个。可是，恰是由于这个原因，他也就没办法写出老百姓爱看的武侠，老百姓要的武侠，其实只是顶着武林头衔的成人童话人物（金庸们得其三昧）。一个《江湖奇侠传》其实要算是例外，因为那时穷困潦倒，急于将此换饭，没工夫讲究，信手胡编，想象力不免多些。歪打正着以后，正经把这劳什子当个营生做了，原来的武术招数、武林规矩就涌上来了，绊手绊脚，当然也就写不好，实际上是写不出读者心目中的武林奇侠了。

向恺然在写《留东外史》的时候，给自己设计了一个特正派的角色，其实呢，他跟那些清国留学生一样，有寡人之疾，有阿芙蓉之癖。在那个短暂的红火时期，此公跟他的后辈古龙一样，醇酒妇人，还加阿芙蓉（鸦片），潇洒极了。后来，小说没人要了，去教国术，身体又不行，只好在国术馆当顾问。再后来，听说此公上了南岳衡山，出家做了和尚，追随禅宗怀让大师去也。从此，江湖上，再没了消息。

儒者生存之怪现状

儒者应该怎样生活？这肯定是个问题。漫说从有儒者之名起，就有小人之儒和君子之儒的分别，就单算君子之儒，各个朝代也各有不同。西汉的时候，儒者近乎方士，董仲舒是独尊儒术的始作俑者，最擅长的不是写文章，而是指挥大批的巫婆求雨。当时朝廷征求地方人才，贤良、文学、治剧（善于断狱）和孝廉并举，真正吃香的，其实是那些具有法家特征的人才，这些人，进入官场，就变成了酷吏，那时的酷吏，都是能吏、廉吏。儒者真正走红是在西汉末年，自汉元帝起，皇帝开始把原来当幌子的儒学当了真，君臣一起比着儒家的信条操练政治，操练到驴唇不对马嘴的时候，就有点儿像演戏了。王莽篡汉，原本就是一场大戏，演得过头儿了，新朝也就谢幕了。

王莽演砸了，但他所提倡的儒学却留了下来，东汉开国，做官者通经成为一种必要条件。儒家经典不仅变成官僚的前提，而且渗透到日常政务之中。如果说，当年董仲舒依据《春秋》断狱只是个别事件的话，那么到了东汉，引经书断案，已经成为理所应当的常事。依六经断案，虽然有点儿牵强附会，但只要标准统一，其实也行得通。而通经作为做官的前提，问题就比较的大，一来经本身就不统一，各家所习，南辕北辙的时候也不是没有；二来啃书本总是比较难，出人头地就更难。大批的人涌向太学，皓首穷经，什么时候是个头儿？于是有人就想起走偏门——在道德行为上下工夫，如果被人认为在孝悌方面有出众的表现，同样可以博得一个儒者，甚至是有名的儒者的名声。那个时候，只要有这方面的名声，做官甚至做大官也就不难了。

父母死了，按规定应该守孝三年，有人一守十年。兄弟分家，做兄长的一点儿钱也不要，全给弟弟，弟弟得了家产，然后再转给哥哥的儿子，结果兄弟俩都博得了好名。那时候，乡里有“月旦评”，士大夫的行为举止都是大家议论的内容，一旦被评个好名声，终身受益。不过，采用此法博取名声，也并非易事，以守孝为例，那是要在父母坟旁结庐居住，身穿麻衣，足着芒鞋，不能吃好的，不能近女色，守三年已经很难熬，何况十年？所以守孝十年的人们中，有人被查出在其父母的墓道里，生了若干儿女。显然，在履行“不孝有三，无后为大”的训条方面，此公是比较有体会的。

虽然为了博得儒者的好名声，追求道德的完善，士大夫有的矫情到了作假的地步，但在社会上，大家并不因此而不矫情了。应劭《风俗通义》载，有老儒每逢想跟山妻那个了，就行礼如仪，请示道：为子嗣计，敦伦（做爱）一次如何？对自己要求严，对别人要求更严，《三国志》的作者陈寿，在为父亲守丧期间生病，母亲令一婢女送药给他，顺手替他倒了洗脚水，被人看见，从此抬不起头来。

其实，到了东汉名存实亡的时候，士大夫的矫情已经变成了对当权者的捣乱，比如孔融和弥衡，说话做事，不管不顾，动辄骂街。沿这条路走下去，魏晋南北朝士大夫自竹林七贤以来，走了放浪形骸的道路，礼教变成了粪土。原来规行矩步，竞相在儒家道德上求胜的风尚，一时变为刻意乱来，蔑视礼法的士习。谁不这样做，谁就让人看不起。

儒者该怎样生活？历史上从来没有结论。自从儒学进了庙堂，儒者的生活就成了问题，聚光灯下，想不让人看出别扭来，难！

应试教育从古人抓起

晚明小品，最喜张岱。张岱在他的《夜航船》序中，讲了一个“小僧伸脚”的故事。说是浙江这个地方，旅行多靠夜航船，夜航船舱位狭窄，人一多就拥挤不堪。一日，一僧人上船，发现船上已有一士人在高谈阔论，僧人很自卑，因此蜷缩在船舱的一个角落里。待了一会儿，僧人发现士人的话似乎有破绽，于是问道：“澹台灭明是一个人还是两个人？”

士人答：“当然是两个人。”

“这等，那么尧舜是一个人还是两个人？”

“当然是一个人。”

“原来是这样。那么，且待小僧伸伸脚。”

澹台灭明是孔门高足，当然是一个人。至于尧舜，自然是古史传说中的两个人。士人无知，却强为知，结果让和尚看不起，和尚于是放开手脚睡觉了。

最初看到这故事的时候，原本以为只是张岱调侃读书人的笑话，并非实有其事。可是后来看了张岱同时代的史学家谈迁的《北游录》，才知道当时的社会上，还真有这样的士人。此人姓丁名宾，不仅中了进士，后来官还做到尚书。说是他进士刚及第时，座师王锡爵对他说：“及第了，今后可以看点儿古文了。”他说：“那该看什么呢？”他的座师说：“无非是韩（愈）柳（宗元）欧（阳修）苏（洵、轼、辙）。”他问：“韩柳欧苏是几个人？”后来，又有人跟他谈起二十二史（明清人眼里，只有二十二史），他说：“一个人怎么能写了这么多东西？”

吴敬梓《儒林外史》里说，苦读到白头的范进，不知道苏东坡是何许人也，我们只当它是小说；徐灵胎的“读书人，滥时文，烂如泥”，我们当它是打油（诗）；张岱的“小僧伸脚”，自然是小品。但是，我们拿谈迁怎么办？看来，科举虽然出过些明白人，但也搭配出了不少糊涂虫。

明清两朝，是中国科举考试制度最完备的时代。由于考试才是做官的正经途径，不仅皇帝而且百姓也都看得起，所以，读书人不仅围着考试转，而且围着考试的内容转。明清考八股文，预备考试，关键点有三个方面：一是四书要烂熟，提起一句要知道上下文，不能有半点差池，因为考试基本上是从四书里出题，摘出一句来，让你模拟圣贤的口吻说话，如果不知道摘出那句话的上下文，就写不出东西来了；二是朱（熹）注要明了，朱熹的四书注释，是考试作文的指导思想，代圣贤立言，说话，不能出朱熹的范围，出了格，轻则白考，重则嘛…… 三是对对子要敏捷，八股文系由对仗的句子组成，对子对不明白，就写不出好的文章。当时，人世间车载斗量的“考试复习资料”，全都是围着这三点展开，而考生也在这三点上下工夫，至于别的嘛，基本上都算是闲书了。管你是四史还是三通，再具有价值，在备考期间，无论是老师还是家长（如果考生本人就是家长的话，就是他的家人），都不会鼓励考生去涉猎的。大家要看的，只是那些复习资料，而这些资料，又大半出自类似马二先生、匡超人这样的不第秀才之手，内容如何，可想而知。

众所周知，那时的教育是被捆绑在科举考试上的，所以，那时的教育，也是一种应试教育。古今中外，凡是应试教育，学生就不是学生了，只是考生。考试的压力越大，就越是将他们学习的内容局限在考试内容上面，凡是不考的，大家碰都不碰。正因为如此，在夜航船上，读书人也只好让和尚伸脚了。说也怪，这样的读书人，偏可以当上科门高第。这次第，就算是像徐灵胎说的，是国家和百姓的晦气吧。

大师的崛起与消亡

读名人自传，最容易发生的感慨，就是人家运气怎么那么好，老是碰上好事，至于才智上的差距，倒容易被忽视。钱穆先生由私塾转中学，仅凭一篇作文，就可以连跳两级。胡适就更是好运气，一篇作文，让他接连蹿升了四级。这种好事，对于现在的人们，连做梦都不要想，也想不出。然而，且慢嫉妒，更好的事还在后面。胡适参加清华留美生资格考试，第一场国文，作文题目是《论无规矩无以成方圆》。老兄一时兴起，在考场上考证起“规”和“矩”的起源来，将一个带有道德性的论述题，做成了考据文章。即使不是今天的语文老师，碰上个按规矩来的考官，恐怕也会判他跑题，就算开恩不给零分，成绩无论如何也好不了。可是，奇迹出现了，那场考试的判卷人恰巧是个跟胡适有同好的考据癖，阅卷之后大喜过望，提笔给了胡适100分。考虑到另外几门胡适考得很水，而且最后录取的名次也很靠后，所以说，实际上这篇跑题的作文，把胡适先生送到了美国（如果他按规矩做，不跑题，估计十有八九不会得这么高的分）。如果胡适去不了美国，自然就不可能变成新文化运动的主将，谈不出杜威的实用主义，什么《中国哲学史大纲》《白话文学史》《尝试集》以及红学研究、《水经注》研究等，就都没了，那么以后“现代孔子”的称号也许就得给别个了。

当然，钱穆的运气没有胡适那么好，至少在中学毕业以后的时光里，远不及胡适那么光芒四射，不仅没有机会出去留洋镀金，甚至连国内的大学门也没进，只在几个中学做做孩子王。不过，在钱穆写的几本书出版之后，好事情也来了。没有大学文凭的他，居然进了燕京大学做教授。不懂洋文的钱穆，在这个洋文天下的教会大学，居然还挑三拣四，批评学校的 S 楼 M 楼之类的不够中国化，所有发下的洋文通告，一律置之不理。结果呢，学校当局还真就改了，S 楼变斯楼，M 楼变了穆楼。之后钱穆如日中天，成了大牌教授，先后在清华、北大、西南联大等中国最著名的大学任教，受到当时的国家领导人的赏识和礼遇，接二连三地被请去给高官们授课，授课时每逢开饭，蒋介石得亲自查看是否好吃。

钱穆和胡适的好事，都属于曾经有过的好事，基本上无法复制了。如果放在今天，像钱穆和胡适这样的人，即使不被我们规矩的老师打入冷宫，贬为差生，十有八九也冒不出头儿来。有谁能或者敢因为欣赏一篇跑了题的作文中的学问，而给他满分呢？又有哪个大学能聘一个仅仅上过中学，又没有在海外求学经历的人当教授呢？

“对对子”考大学

1932 年，报考清华的学生，在国文考试的时候，碰上了一道怪题：对对子。出了上联，要求对下联，上联是“孙行者”。此题难倒了绝大多数考生，只有三个人据说对上了，他们对的是“胡适之”，其中有一个是后来著名的历史学家张政烺。不过由于在清华考试之前，北大已经发榜，所以张先生没有去清华。怪题的制造者是陈寅恪，当时的人们都认为“孙行者”的标准答案就是“胡适之”，而且是陈寅恪有意为之，目的就是调侃一下胡适。可是，后来张政烺先生说，他答的其实不对，标准答案应该是“祖冲之”，对“胡适之”的“胡”字，跟“孙行者”的“孙”字平仄不协（都是平声）。

事情发生的时候，中国的中小学教育，已经由政府明令推行白话文达十年之久。尽管社会上坚持用文言文写作者依然不乏其人，但作为整体的教育体制而言，白话文已经牢牢占据了统治地位。所以，陈寅恪此举，在当时引起了考生和舆论的大哗。批评的矛头，大多是说陈是在开倒车。因为对对子是旧式私塾的功课，而新教育没有这个内容。由于当时学界的复古思潮正在兴起，而且在一定程度上得到了国民政府的支持，怪题事件的制造者，恰好又是一个新传统主义的中坚，因此，当时的左翼文化人，对此反应更加强烈。

不过，有意思的是，事情过后，别的考试都被大家淡忘了，唯独陈寅恪出的这个对子，却久久地留在了人们的记忆里。甚至一直到解放后，知识界仍然在传这个事情，对上了对子的张政烺先生，在人们的传说中，很是具有正面的意义。在今天看来，实际上，对对子事件所碰到的，恰是以白话文为主体的中国语文教育的阿喀琉斯之踵。

传统上，汉语写作要求音韵上有节奏，就是说，文字读起来要有铿锵的感觉，起伏的节律，因此要讲究平仄。诗歌如此，文章也如此，即使是散文，也要朗朗上口。同时，音韵上的讲究，是与文字的意蕴和色彩结合在一起的，也就是说，文字不仅需要表达意义，而且还要有字与词本身含义的组合所传递出来的色彩，为意义生色。只有这样的文字，才算是好文字。八股文固然不好，但它的不好，主要是受了其代圣贤立言的政治和道德负担的拖累，仅仅就文字技巧而言，其实并没有什么不好的。至少，在汉语的文字写作技巧训练方面，它是符合汉语自身规律的。从这个意义上说，私塾教育对对子的训练，固然是为了日后八股文的写作，但对于学生掌握和理解汉语，其实倒也是必要的。许多近代的名人，包括著名的学者，在他们回忆往事的时候，往往对自己善于对对子的“事迹”津津乐道。虽然说，中国古代也有白话文，但古代的白话文是同古代的文言文相联系的，是文言文的俗化，严格说不能用现代汉语语法规范。实际上，新文化运动诸健将提倡的白话文，从某种意义上可以算作一种新的语文，它是同西式语言相联系的，必须符合主、谓、宾、定、补、状的西式语法结构，其最后的归宿，就是汉字的罗马化。而当时的白话文主导的语文教育，基本上是后一种现代白话的一统天下。

然而，在人们的阅读和教学视野内，文言文并没有消失，那种拖着长长定语和补语的欧化句子，虽然可能风行一时，但并不一定能真的俘获读书人的心。因此，在教育过程中，我们看到了两种写作方式的交战，最后的妥协，就是我们现在通行的白话文。写作方式既不像字母文字，也不像象形文字。这样的文字，是最难教的文字。

文人轶史

黑白袁世凯

袁世凯在中国近代历史上，是有名的反面形象，白脸。不过，跟那些历史上同样是反面形象的昏君奸臣不同，他的脸之所以变白，并不是因为他有多么昏暴，挖了忠良的心肝下酒，宠了多少心肠特坏的女人，或者是说了什么我死之后管他洪水滔天之类的浑话。仅仅是因为他要当皇帝，准备了洪宪帝制以及两套龙袍，逼前清的小皇帝溥仪让出了三大殿，预备登基。换言之，袁世凯之所以被钉在历史的耻辱柱上，主要是因为他开历史的倒车，跟长期以来人们公认的进化论开玩笑，违反了历史进步的直线行进律。

由此，袁世凯皇帝梦的破灭，成全了历史进化论，没有让政治的现代性进程倒退，也造就了一个经久不衰的神话：即，辛亥革命使民主共和深入人心，复辟和倒退注定要失败。

然而，袁世凯成全了进化论，但历史却并不如此宽宏，多少年之后，至少某些明眼人突然发现，被辛亥革命赶下台的皇帝，并没有真的从人们心中消失。于是忙着回过头来看历史，一时间，有关袁世凯和孙中山的话题又热了起来，连一向热衷于炮制皇帝戏的电视界，也推出了《走向共和》，让孙、袁这对冤家大放其电。美籍华人学者唐德刚的新作《袁氏当国》在国内出版，应该也是回应有心人回头看的一个不小的热闹。

我最早接触唐德刚的文字，还是在20世纪80年代的初期，凑巧在一本所谓内部出版的《胡适哲学思想资料选》里，看到有唐编辑的《胡适口述史》。说实在的，那口述史正文其实平平，了无胜意，倒是唐德刚那夹叙夹议的注释，很是引人入胜。唐氏的文字不唯老辣，而且透着过来人似的透彻，如老吏断狱，往往一语揭破谜局。可惜的是，眼下摆在我案头的这本唐氏的新作，却如放了太多年头的腊肉，虽然还是腊肉，却少了一点儿应有的风味。

可以看得出，作者对袁世凯和孙中山都怀有历史学家特有的温情，立脚处也相当中立。不过，可能是作者只是将一些随手的札记连缀成篇，深度的思考不足；也许是当年过多的口述史的整理，不经意间被传主的意见所左右，总之,《袁氏当国》只有片段的精彩,比如关于“二十一条”的交涉，关于当年民国政府顾问古德诺，关于国民党二次革命等，都还能找到唐氏当年文字的风韵，尤其说到民国北洋时期办外交的“专业人士”何以成了不倒翁的那段文字，真是爱煞个人。然而，通篇看去，这样的文字在全书中并不多见，相反，我们在书中看到了不少的游移，不少的武断，甚至还有一些掺杂着大路货资料的老生常谈。

袁世凯复辟是一出悲剧，正因为这出悲剧，中国陷入了几十年的军阀混战。考究其原因，唐氏没有像西方著作那样直接点明，但事实上却列出两大理由，一是制度设计的扞格及制度与人的冲突，二是袁世凯本人思想境界之旧。此论固然突破了过去仅仅在袁氏个人品质道德上转、围绕着“皇帝梦”三字做文章的窠臼，但依然有说不清道不明的嫌疑。

先说制度问题。辛亥革命一开始建立的政权性质是美国式的总统制，总统直接领导内阁。这是当时中国先进分子的共识，认为美国制度是最先进的，而中国学西方就要“法乎其上”，所以，一上手就是大总统云云，中国的华盛顿云云。然而，待到将政权交给袁世凯之际，为了牵制这个枭雄，同是这些先进分子控制的临时参议院又将美国式的总统制改成内阁制（实际上是法国式的半总统制），总统和内阁之间，加了个总理，由总理负责领导内阁。唐氏由此得出结论，认为这种制度转换，是革命党人想要“虚君”，而袁世凯根本不想做虚君，“政治矛盾要用枪杆解决，民国因此逐渐变成军阀的天下了”。

不错，当时的革命党人，的确在制度设计上欠考虑，他们一方面对西方制度有着近乎神圣的迷信，像当时的著名记者黄远庸说的那样，幻想着只要民主共和的旗帜挂在城头，中国就可以立马改变了模样。但是另一方面，他们又缺乏对民主制度的虔信，只是把这种制度当成工具，甚至看成可以和中国古老的权力技术嫁接起来的工具。所以，怪事就出来了：彻底地学习西方的旗帜下的革命政府，不仅随意地以政府法令的方式侵夺公民权利（比如剪辫），而且可以在旬月之内，随意改变政体。然而，革命党人的错误并不足以导致袁氏最终的帝制自为，跟后来的军阀混战更是没有直接的关系。唐德刚先生不是考证过了吗？宋教仁被刺案最终跟袁世凯并没有直接联系，袁跟宋案的关系更可能像后来的蒋经国跟江南案的关系一样，是手下的过于忠实之徒将马屁拍到马腿上的结果。而国民党的二次革命，不也是革命党人自己先打的第一枪，而且连蔡锷都对此表示声讨吗（实际上许多革命党人也对此不以为然，三督之中，广东的胡汉民和湖南的谭延闿实际上都是被迫参加的）？是国民党人自己破坏了宋案法律解决的可能，既然如此，袁世凯有必要跟革命党人一般见识，毁掉自己的合法性基础吗？事实上，第一届国会选举上国民党的大胜，很难说一定刺激和威胁到了袁世凯的地位。因为我们看到当时大权在握的袁世凯，对于国会选举，并没有动用他的行政和军事资源进行干预，一任国民党高歌猛进（事实上，这种干预在那个年代是非常容易的，后来的段祺瑞在资源远不如袁世凯的情况下，还成功地操纵了一次“安福国会”)，而且，就当时而言，连宋教仁自己也清楚，就算是由国民党组阁，当时的政体也是法国式的半总统制，总统依然是强势者，大选的胜利，距离威胁袁大总统的宝座还远着呢。更何况，当时的国民党诸巨头孙、黄、宋等人，或者沉迷于修20万公里铁路，或者沉迷于宪政，头脑里有没有夺权的概念都很难说。退一万步说，就算是国民党的“抢班夺权”行为刺激了袁世凯，那么经过一系列成功的政治和军事运作，袁世凯不仅消弭了国民党的势力，也消灭了原来对他的种种制度上的限制，甚至成功地赢得了舆论的同情，有什么必要非要一步步走到帝制的火炉上呢？特别需要指出的是，当最终袁世凯帝制自为的时候，他已经成了事实上的皇帝，不仅是终身总统，而且还可以传子（指定下届总统），就算袁世凯是个超级的野心家，皇帝的名位对他真的就那么重要吗？富有政治经验、老于世故的他，难道看不出这里的政治风险吗？为了一个虚名而去冒险，像个“当代曹操”的作为吗？

当然，对此，唐氏还有另外一种解释，那就是袁世凯的思想旧，满脑子都是中国传统的统治术。这一点，相信熟读《资治通鉴》的唐德刚先生，特别有感觉。的确，袁世凯的所作所为，怎么看都有古代权术的影子，唱了很多看似高明的老调子，玩了些许其实并不高明的小伎俩。唐德刚采访过的顾维钧（当时做过袁世凯的英文秘书）也认为，袁世凯根本没有对民主制度的基本信仰。当然，从教育背景来看，袁世凯的确比孙中山要旧些，但这个背景的差异，并不意味着袁世凯必然头脑冬烘，不会赞同向西方学习。唐氏自己也说，在清末新政的时候，袁世凯是个相当新的人物。其实，当时的袁世凯岂止“新”，他可以说是新政的关键，新政是以全面学习西方为目标的改革，在军事、警察、邮政、司法、行政和教育等诸方面，都有他至关重要的作用。事实上，当时的他，甚至跟立宪派也有密切的联系，清朝的预备立宪，如果没有他这样的重臣推动，肯定不会那么快。从那时起，他的夹袋中就已经储备了一干受过西方教育的人才，其学识和对西方政治的认识，并不逊于革命党人。退一步，如果非要说袁世凯思想旧，那么二次革命失败后的孙中山旧不旧呢？当时的袁世凯不过是在抓权揽权集权，但民国的各项改革比如司法、行政、警务、税收等仍然在一板一眼地进行，绝不含糊。可孙中山却执意要将一个原本已经很有西方政党色彩的国民党，改造成帮会式的中华革命党，所有党员分出等级，都要对他绝对效忠，还要打指模宣誓。这一套，唐氏说是来自基督教的仪式，错了，那是孙中山当年在檀香山致公堂（洪门）做洪棍时学来的，不信，可以查查洪门的《海底》。

无论古今中外，凡是一个国家大的政治举措和制度的变革，背后必有当局者对情势的考量，主观的因素往往只起次要的作用。晚清以降，由湘淮军兴起导致的地方主义愈演愈烈，政治格局上的朝小野大，内轻外重，地方势力坐大的局面已非一日。辛亥革命之所以成功，在很大程度上是因为西太后去世后朝廷的满族新贵，不唯成立皇族内阁，开罪了立宪派，还贸然采取一系列措施，加强中央集权，削弱地方势力，结果得罪了包括袁世凯在内的地方势力，导致众叛亲离的结果。群龙无首的武昌起义革命士兵，只是在恰当的时机，点着了本该燃烧的干柴。而辛亥以后，地方主义更加不可遏，各地当权者，无论新旧，都是据地自雄的军阀。孙中山号称是独立各省拥戴的大总统，但没有一个省给他一分钱。连政府的开张费用，都是那个当了状元不做官的张謇借来的。赶走国民党人，唐德刚先生说是袁世凯在削藩，但是实际上是削了弱藩换上了强藩，龙济光、张勋、李纯甚至袁世凯最得力的大将冯国璋，占了国民党人的地盘之后，都不太听招呼了。二次革命后，看起来大获全胜的袁世凯，实际上面对的是一个五代十国的局面，连昔日言听计从的北洋诸将，此时都成骄兵悍将，不仅不听政令，甚至连上解款也日益含糊起来。所以，我们才看到了一系列的变革，什么废督，什么虚省设道，什么文官政治，甚至包括设立将帅团，统统都是冲地方的大小军阀去的。然而，这种与虎谋皮的举措，具体施行起来，不用说是障碍重重，推行得很是艰难。在这时候，显然袁世凯想起了当年在大清国的情景，皇帝的权威之重，即使像他这样权倾朝野、盘根错节的人物，想要拿掉，一纸诏书也就搞定。到了这个时候，某些谋士自以为聪明的鼓噪也就听得进去了，而来自大洋彼岸的政治学权威的理论，则恰逢其时地成了让火烧得更旺的东风（借东风的恰是那个坚持宪政的宋教仁，是他聘的古德诺）。从某种意义上说，袁世凯的洪宪帝制，实际上是又一次急进的中央集权运动，在这场运动里，皇帝不仅仅是一种名号，而是一种可以重树政治权威的架构，一种古老但曾经行之有效的意识形态。显然，这场运动跟清末那些少不更事的满族权贵发起的运动一样，以惨败而告终。

谙于权术的袁世凯，显然既迷惑于昔日帝制权威的幻象，又迷惑于社会上一般人对民国的反感。他忘了帝制权威已经被辛亥革命给打碎了，再度重建不仅需要时日，而且要有强大的武力作为背景（而此时连他的嫡系武力都不听招呼了）。他更忘了，那些散在各地的骄兵悍将，正苦于没有借口来反抗他重树中央权威的举措，而袁世凯的称帝之举，恰好给他们提供了一个大举反叛的合法借口，在历史进化论尚未破产的时候，这种借口显得是那么的堂堂正正。如果蔡锷不起兵，或许袁世凯还可以拖些日子，只要蔡锷举起了讨袁的旗帜，那么袁世凯的众叛亲离就会是必然的结果。大名鼎鼎的蔡将军，其实也不过是那个恰好点了一堆本该烧起来的干柴的人。说实在的，蔡锷那三千缺枪少弹的讨袁军能有多大力量？真正致袁世凯死命的，恰是曾经十分效忠他自己的部下。

袁世凯遗臭万年了，连十分旷达的唐德刚先生，都拿他的称帝之举，跟汪精卫的叛国当汉奸相类比，说他们一失足成千古恨，“卿本佳人，奈何做贼”？然而，细想想，这两个人其实不一样，袁世凯并没有违反民族大义，卖国当汉奸。他的所作所为，只是不恰当地进行了一次政治体制的改革，开了惯常所谓的倒车而已，而且这个所谓的倒车，退得实际上也有限，绝非像后来人们批判的那样，退到清朝新政之前去，他的帝制不过是君主立宪制而已。以今天的眼光观之，其实古德诺的说法并没有错，在那个时代，君主立宪和民主共和制度并无优劣之分，关键看国情合适不合适。尽管如此，袁世凯还是遗臭万年了，甚至比当了汉奸的汪精卫还要臭。这里，袁氏的臭，既有后来的主政者为树立孙中山而做反衬的意识形态需要，也出于历史进化论的强大拉动，当然，这也是一种意识形态。人们宁愿相信，历史只能向前走，不能哪怕稍微后退一点儿，而这个前进的方向，则是由西方现代史所规定的。离君主越远的制度，就越先进，革命越彻底的制度也越进步，而先进和进步是不能违抗的，否则就是反动，凡是反动的人，跟汉奸卖国贼也就相差无几了。

酒的性情与饮酒的人

光看李零的杂文，不大可能知道他是弄什么专业的，一本随笔集里什么都有，宫殿、厕所、兵法、房中术、酒色财气加毒药，他什么都写，可以说是从用上面的嘴喝的酒一直写到跟下面屁股亲密接触的手纸（或者石头蛋蛋什么的）。而且一张嘴——怎么说呢，用东北话来说叫作有点儿邪性，“汉奸发生学”和“畜生人类学”这样的名堂，大概也就是他能想出来。评李零的文字，在正常状态下有点儿难，我问过同是李零文字崇拜者的女儿，她的感觉也差不多，只觉其妙，却说不出什么名堂来。现在理解古人桓子野之流，为何一见佳景辄呼奈何了。怎么办呢？话还得说，待了半晌，忽然想起，李零和他的文字，其实有点儿像酒，不是洋酒或者啤酒，是那种中国古已有之的老酒，放了很多年的状元红、女儿红之类。

最早知道李零，是看他的《中国方术考》。当时我对思想史还有兴趣，教过几点钟的相关课程，自以为有点儿心得。可是一看，哇，原来中国古代思想还有这样一番天地。接下来也就结束了我的思想史生涯，感觉原来就思想家文本谈思想的路数太没劲，跟着李零屁股后面从方术入手，自家又没有功底，只好按三十六计第一计，走了。不过，在那个时候，我对李零的文字还没有太多的感觉。后来跟他认识了才知道，李零对于学术著作，跟大多数学人一样，也是板着脸说话，一本正经，只有偶尔才会放松一下，可是作为读者，一般不会那么细心，刚好看到。

20 世纪 90 年代后半期，我混进了北京，不知怎么一来，跟《读书》发生了关系，白送的杂志自然要多看几眼，李零的文字，总是要挑出来先读的，读了以后，每每有点微醺的感觉。再后来，有好事者告诉了我他的住址，哦，原来跟我住的地方不过一百米远，于是我见到了活的李零。

现实中的李零很淡，不好看，言谈也没有多少魅力，不抓人。听说他上课也是如此，比起那些噱头一堆，包袱成摞的教授来，实在是太不起眼了。据说有次他开孙子兵法的选修课，一下子来了一大帮学生，有人劝他换大教室，他说不用，讲几天就没人了。后来，果然，坚持听下来的就十几个人。不过，接触多了，发现听李零讲话，真是种享受，跟他的随笔类的文字一样，一点儿废话没有，一句是一句，里面透着中国式的幽默，有嚼头，回过头来还可以品味。我和李零共同的朋友郭晓惠说，李零经常会跟人说着说着话就陷入自己想的事中去，好半天不说话，人家早转移话题了，他冷不丁冒出一句来，还是早先说的事哪。不过我倒是没有这个感觉，也许是我总是问东问西，让他穷于作答，实在没工夫想事。有时候挨了女儿的褒贬常常会郁闷，为什么我这么不行，而李零这么行，很快我就有了结论，这结论是从李零那里趸来的：人家是大营子出来的人，而我是小营子的，然而我又不是狗。

严格说来，李零属于那种闲聊比上课感觉好，文字比说话感觉好的人。但无论听还是读，都得静下来慢慢对付。如果大家一起抢着发言，我估计李零肯定没有机会，这个时候，非得主持人出面，要大家静下来，让李零讲两句，他才能说上话。不过，这种时候，只要场面足够的安静，李零的话还真能逗得大家一阵阵地乐，可是不会捧腹大笑。他的文字也是一样，如果和那些特别刺激、具有煽惑性的文字放在一起，估计也显不出什么来，人们先注意的，多半不会是李零。但是，李零的文字，却是可以让人读两遍以上的，这在当今之世，可算是货真价实的凤毛麟角。

几天前，出差到广州，跟林贤治聊起随笔和散文来，一致的感觉是，现在能写好文字的人实在是太少了，文字已经差不多纯然堕落成为表达的工具，而且是次等的表达工具。在学界，不仅用英语表达已经成为身份地位的象征，即使是汉语的学术表达，也充斥了英语的句式以及直译过来的时髦名词，往往越是让人读不懂，就越显得深。腕儿们甚至在写随笔的时候，也高深莫测，食洋吐洋，还自鸣得意。无论是学界还是社会上，基本上没有什么人在乎文笔了，原来的研究生论文，在评价指标上还有文字一项，现在也已经没有了。大概在主管者眼里，即便是文史哲的学生，这些东西也不要紧了，只要有洋规范，洋模式，有所谓创造性的成果便足矣。

人们（尤其学者）大概忘了，我们民族的文字，不仅仅是文化的载体，而且是文化的组成部分。很难想象，如果我们历史上那么多优美的文字消失了，我们的文化传统还能剩下些什么，如果把先人思想中的文字之美剥离出来，他们的思想还能否算作思想？

幸好，我们还有李零。过去，人们说董桥耐读，现在，我说李零也耐读。

隐性制度

一不留神，吴思又有一部新著问世了。出差回来，机场卖书的小姐告诉我，这个吴思就是写《潜规则》和《万历十五年》的那个人，很有名的。看来，吴思老兄的名声，已经隐隐然有压过黄仁宇的苗头了。

《血酬定律》显然是吴思近来文章的合集，一篇篇的文字，在原来刊物上发的时候，都很是扎眼，属于翻开以后首先要看的那一类，个个都带着作者绵密的工夫，认真的考据和清晰的论理。然而，在合集之后，再来阅读，似乎感觉热力稍逊，显然全书还没有走出《潜规则》的光影，只能说是《潜规则》的续篇。当然，反过来也说明了《潜规则》的魅力。

吴思所说的潜规则，实际上有点儿像我们讲制度的人说的"隐性制度"，虽然不见成文，但却实实在在地被遵行着的某些制度，里面既包含行为规则，也包含等级秩序和组织安排。古代中国是个农业国度，用黄仁宇的话来说，就是无法用数字管理，所以历朝历代，制度设计不可避免地要留下很多空隙和含混之处，越是到制度的末梢，所谓的亲民层次上，含混的地方就越多，全靠具体和老百姓打交道的官和吏，通过自身的行为去填补。过去我们常抨击的传统的人治，在这个地方体现得特别充分。

当然人治也不是任意胡治，大体上还是有规矩的，这规矩，就是吴思所谓的潜规则。在清代，这种潜规则的一部分，叫作“陋规”。

潜规则蠹民害民的地方吴思已经讲得很多了，在此就不再多说了。不过需要提一下的是，潜规则的生成，也多少跟成文规则有点儿关系，比如明代朱元璋明明知道官僚实际上都是他的雇员，是为他做事的，但却因游民出身的底子，而对官吏暗怀愤恨，把他们的工资压得很低，一个县太爷，一年的薪水不过三四十两白银。而衙门的书吏，工资就更低，一年不过几两银子。清承明制，官吏的低薪制被原样继承下来。如果严格按这个工资水平，当官的大概人人都得像海瑞那样，过得跟贫民似的，一年到头吃不上顿肉。显然，像海瑞这样的迂腐清官不会太多，所以，就有了潜规则。

潜规则不是光为自己捞钱，还要照顾到上下左右，送往迎来，在什么缺分上（官职本身的油水多寡），对上司、对京官，什么时候、什么事情，各送多少，都是有一定之规的，不是简单的“贿赂”两字能说清的。比如对京官，凡是上京觐见的地方大员，见人都要送一份银子，不是单送管他们的人（当然有多寡之分）。因为大家俸禄都低，都要指这个“额外的”收入过活。书吏和衙役也是一样，办什么事情，捞多少，与相关者如何分，都有规矩在，谁也不敢错半分。从这个意义上说，潜规则实际上是古代官场在运行层面的平衡机制。

在传统社会里，只要是正常的太平年景，官吏的行为是有制约的，从某种意义上说，潜规则的形成，也是这制约的一部分。泛泛地说，监察机构的监督，传统道德的约束和乡里乡绅的制约，都是制约官吏的因素。但这些制约因素之所以能够存在，关键在于，对于整个官僚体系来说，保持平衡是体系生存的关键因素。个别官吏的过分贪婪，往往会引发左邻右舍的不安和紧张，如果导致群起效法，那么原来官、绅、民的系统平衡就有可能会倾覆，这对于王朝官僚体系的长久利益显然是不利的。所以只要这个体系还能正常运转，那么就会有人出面对这种过分的贪婪进行制裁。比如潜规则中地方官最主要的额外收入耗羡（征钱粮过程中借口损耗而多征的部分），到底多征多少，正式制度没有规定，根据缺分的好坏，少则 3%，多则 10%，往往以各地乡里社会的容许度为限。如果有人一下子征到 15% 或者更多，那么平衡就被打破了，左右难免紧张，或者大家群起效法，或者此人遭到弹劾。显然，在传统王朝的常态，经常出现的情况是后者。《儒林外史》里范进中举，跟人去高要县打秋风，人说高要县现任的知县一年额外可捞八千两，而上一任一年捞一万，可见高要县的能够获取的额外收益就在一万上下。这都是在潜规则的限度以内，如果一年捞到了一万五或者两万，那可能就要出问题了，上司不管，都老爷（御史）也会出来找麻烦。

过去，我们在谈论古代社会政治腐败的时候，所举的例证往往是些特例，或者以王朝末世的情况概其全貌（野史笔记记录这些事情，显然并不是因为它们很普遍），好像几千年中国遍地虎狼，老百姓都活在鬼蜮世界一样，天天生不如死，或者生活在垂死的边缘。这显然不符合常识，实际上是一种错觉。在过去强调阶级斗争的时代，这种错觉是很容易发生的。古代社会官僚体系的构成，主要是士大夫，这些人虽然是皇帝的雇员，但也自以为是传统道德的承载者。对他们来说，儒家伦理不见得都是可有可无的装饰，在很多情况下，士大夫的脸面似乎比性命还要重要，任何一个家族似乎都不乐意在青史上留下贪鄙的污点。潜规则的存在，为入仕的士大夫过上体面的生活提供了可能，也提供了稳定性，利用这个规则过度牟利，不管怎么说都有破坏稳定的可能。潜规则给了官吏剥削民众的许可，但也对剥削做了限制，因为这规则的形成，不是哪几个官僚的事情，甚至也不是单凭官僚群体自己的意愿就能遂愿的，它实际上是皇权、官僚、乡绅甚至部分民众精英相互博弈的结果。从正式制度的意义上讲，几乎所有古代的官吏都有贪污行为，但真正意义上的贪官其实并不多。潜规则意义上的贪官，只有到了王朝末期，所有的平衡机制逐渐遭到破坏，传统道德崩溃，有权者肆无忌惮地巧取豪夺，无论什么钱都敢要，而且毫无限度的时候才会普遍出现。到那时候，不仅正式制度，而且隐性制度也崩溃了。所以说，如果到了有权的人们都在毫无节制地捞钱的时候，实际上不是在实行潜规则，而是没有规则了。

潜规则实际上就是官场的运行规则，只是这规则一直都被包在官场里面，我们从正史留下的制度条文中，查不到蛛丝马迹。所以，后人看古代的官场，更像是神秘的黑箱，其实，官场只有大门是黑的，敲开了门，里面并不像我们想象的那么黑。只是我们多年来的制度研究，太少关注这些本来就该关注的内容，因为只有解开官场运行机制之谜，我们对古代的政治运作，才能有真正的认识。吴思先生的著作，恰在一向为我们所忽视的官场黑门上敲了重重的两下，对此，我们必须感谢他。

“钻牛角尖”的历史

历史是个菜园子，篱笆虽然有，可基本上形同虚设，任谁都可以进来动锄撒种。这一方面是因为守在园子里的所谓专业人士自家素质其实并不太高，抱残守缺，拿腔做调，老是端着写些谁也不要看的文章，还自鸣得意。另一方面历史的学科门槛也的确比较低，至少对所谓的专业训练要求并不那么严格，外行只要读几年书，扒开篱笆也就进来了。不过，进来可是进来，能不能种出像样的东西来，可就两说了。近来，外行论史，像模像样的固然有，但掺了太多水的水货也不少。不过，我今天要说的，是一个像样的。

《文武北洋》的作者来自媒体，论起史来，也有一般传媒中人写东西的毛病，自信过满，激情过剩，而且有意无意露出道德评判的法锤，在是非上面纠缠过多。不过，总体而言，作者文字还相当耐读，可称道处随处可见，虽说翻案文章做得多了一点儿，但也不能说人家没道理。特别让人感兴趣的是，作者的那股钻牛角尖的劲头。作者对他感兴趣的北洋人物，硬是一个一个寻踪索迹，刨根问底，遍访这些人的故居遗迹，在寻访中顺便发思古之幽情，让我们仿佛回到了那个其实并不遥远的过去。

历史的叙事无非是后人对历史的一种解释，但是任何的解释如果离开真实，也就失去了意义。说到底，历史毕竟是个追求真实的学科，如果哪个研究者敢于宣称自己根本不在乎历史的真实，那么他的言说就只能是自己和家人的自娱自乐。可是今人回不到过去，历史的真实往往要经过研究者观念与价值的过滤，那些以证明某些观念和理论为己任的研究者自不必说，就是那些追求客观、力图复原历史的人们，由于时代的距离，也难免隔膜，有意无意地以今人的成见，去框架古人的行径，差之毫厘失之千里者有之，张冠李戴者亦有之。事实上，对于有志为史者，情境的建构是至关重要的，即通过古人的遗迹，考古的发现，去想象和建构古人生活的空间，让自己的思绪和情感回到过去，从心里生出“理解之同情”，这样，也许隔膜才会小些。

有幸的是，“文武北洋”的历史过去还不太久，尽管有太多的恶意破坏，但遗迹多少还剩了点儿，那时的枪炮和用具也有留下来的。更可贵的是，北洋人物赶上了照相机的发明问世，因此有不少照片传了下来，我们不仅能看到当年那些赳赳武夫和狗头军师的模样，还能浏览那年月军队和社会生活的剪影。人称北洋三杰“龙虎狗”之“虎”的段祺瑞，他那身着马褂打台球的照片和地道哥特式洋房的执政府，留给有心人的，是远比一本传记还要多的意蕴。胡帅张作霖和他两个乳臭未干的儿子同穿将军服的照片，以及大帅府那村意盎然的壁画和外面的关公庙，同样也会告诉人们某些难以用文字表述的东西。可以肯定地说，这些东西看多了，只要你是个有心人，一定会对这些早已经故去的人物有某种感觉，这种感觉是文字无法带给你的。

对于专业史学工作者来说，也许《文武北洋》的作者并没有披露太多他们所不知道的东西，但是，专业人士的笔下却很难有如此耐人寻味的叙事，更难以有重建历史情境的努力。当读者跟着作者，从一个断壁残垣，走向另一个断壁残垣的时候，历史在他们的心目中逐渐鲜活起来。

图书在版编目（CIP）数据

张鸣说历史：重说中国国民性 / 张鸣著．－天津：天津人民出版社，2014.8

ISBN 978-7-201-08722-1

Ⅰ．①张… Ⅱ．①张… Ⅲ．①民族性－中国－文集 Ⅳ．① C955.2-53

中国版本图书馆 CIP 数据核字 (2014) 第 109886 号

天津人民出版社出版
出版人：黄 沛
（天津市西康路 35 号 邮政编码：300051）
邮购部电话：（022）23332469
网址：http://www.tjrmcbs.com
电子信箱：tjrmcbs@126.com

北京慧美印刷有限公司印刷 新华书店经销

2014 年 8 月第 1 版 2014 年 8 月第 1 次印刷
787×1092 毫米 16 开本 15 印张
字数：200 千字

定 价：36.80 元